U0458106

National Economics Foundation
北京当代经济学基金会

当代经济学创新丛书
［全国优秀博士论文］

中国资源配置效率研究

陈登科 著

上海三联书店

"当代经济学创新丛书"

由当代经济学基金会(NEF)资助出版

总　序

经济学说史上,曾获得诺贝尔经济学奖,被后人极为推崇的一些经济学"大家",其聪慧的初露、才华的表现,往往在其年轻时的博士论文中已频频闪现。例如,保罗·萨缪尔逊(Paul Samuelson)的《经济分析基础》,肯尼斯·阿罗(Kenneth Arrow)的《社会选择与个人价值》,冈纳·缪尔达尔(Gunnar Myrdal)的《价格形成和变化因素》,米尔顿·弗里德曼(Milton Friedman)的《独立职业活动的收入》,加里·贝克尔(Gary Becker)的《歧视经济学》以及约翰·纳什(John Nash)的《非合作博弈》,等等。就是这些当初作为青年学子在博士论文中开启的研究领域或方向,提出的思想观点和分析视角,往往成就了其人生一辈子研究经济学的轨迹,奠定了其在经济学说史上在此方面的首创经济学著作的地位,并为日后经济学术思想的进一步挖掘夯实了基础。

经济学科是如此,其他社会科学领域,包括自然科学也是如此。年轻时的刻苦学习与钻研,往往成为判断日后能否在学术上取得优异成就,能否对人类知识的创新包括经济科学的繁荣做出成就的极为重要的第一步。世界著名哲学家维特根斯坦博士论文《逻辑哲学导论》答辩中,围绕当时世界著名大哲学家罗素、摩尔、魏斯曼的现场答辩趣闻就是极其生动的一例。

世界正处于百年未遇的大变局。2008年霸权国家的金融危机,四十多年的中国增长之谜……传统的经济学遇到了太多太多的挑战。经济学需

1

要反思、需要革命。我预测,在世界经济格局大变化和新科技革命风暴的催生下,今后五十年、一百年正是涌现经济学大师的年代。纵观经济思想史,历史上经济学大师的出现首先是时代的召唤。亚当·斯密、卡尔·马克思、约翰·梅纳德·凯恩斯的出现,正是反映了资本主义早期萌芽、发展中矛盾重重及陷入发展中危机的不同时代。除了时代环境的因素,经济学大师的出现,又有赖于自身学术志向的确立、学术规范的潜移默化、学术创新钻研精神的孜孜不倦,以及周围学术自由和学术争鸣氛围的支撑。

旨在"鼓励理论创新,繁荣经济科学"的当代经济学基金会,就是想为塑造、推动未来经济学大师的涌现起到一点作用,为繁荣中国经济科学做点事。围绕推动中国经济学理论创新开展的一系列公益活动中有一项是设立"当代经济学奖"和"全国经济学优秀博士论文奖"。"当代经济学创新丛书"是基于后者获奖的论文,经作者本人同意,由当代经济学基金会资助,陆续出版。

经济学博士论文作为年轻时学历教育、研究的成果,会存在这样和那样的不足或疏忽。但是,论文毕竟是作者历经了多少个日日夜夜,熬过了多少次灯光下的困意,时酸时辣,时苦时甜,努力拼搏的成果。仔细阅读这些论文,你会发现,不管是在经济学研究中对新问题的提出,新视角的寻找,还是在结合中国四十多年改革开放实践,对已有经济学理论模型的实证分析以及对经济模型假设条件调整、补充后的分析中,均闪现出对经济理论和分析技术的完善与创新。我相信,对其中有些年轻作者来说,博士论文恰恰是其成为未来经济学大师的基石,其路径依赖有可能就此开始。对繁荣中国经济理论而言,这些创新思考,对其他经济学研究者的研究有重要的启发。

年轻时代精力旺盛,想象丰富,是出灵感、搞科研的大好时光。出版这套丛书,我们由衷地希望在校的经济学硕博生,互相激励,刻苦钻研;希望志在经济学前沿研究的已毕业经济学硕博生,继续努力,勇攀高峰;希望这套丛书能成为经济科学研究领域里的"铺路石"、参考书;同时希望社会上有更多的有识之士一起来关心和爱护年轻经济学者的成长,在"一个需要理论而且一定能够产生理论的时代,在一个需要思想而且一定能够产生思想的时代",让我们共同努力,为在人类经济思想史上多留下点中国人的声音而奋斗。

夏斌

当代经济学基金会创始理事长

初写于 2017 年 12 月,修改于 2021 年 4 月

目 录

图表目录

3

束指标)

前　言

　　本书聚焦于资源配置效率这一经济高质量发展的根本问题展开研究。所谓资源配置效率，是指经济资源在不同效率供给主体之间的配置模式。一般而言，效率越高的供给主体获取的经济资源越多，资源配置效率则越高；反之则反。根据资源配置效率的内涵不难推知，资源配置效率事关"供给侧"改革的成效，经济发展质量的提升和持续性的维系，亟需关注。

　　近十年来，资源配置效率因其重要性而成为经济学最为活跃的研究领域之一，并同时受到政策制定者的高度重视。尽管如此，既有研究，特别是关于中国资源配置效率的文献，依然存在以下空白有待填补：第一，现有文献基本上只是关注资本和劳动这两个生产要素，鲜有将能源这一重要投入要素纳入研究框架，从而无法刻画资源配置效率的全貌。在中国超越美国成为全球第一大能耗国，彰显能源要素重要性的大背景下，将其纳入研究框架对于科学分析资源配置效率的必要性不言而喻；第二，由于研究框架和数据可得性的限制，关于中国资源配置效率的研究样本区间基本上停留在2008年国际金融危机之前，从而无法探究金融危机后特别是"新常态"阶段中国资源配置效率演化状况；第三，已有文献多将资源配置效率（扭曲）视作外生给定，侧重于度量资源配置效率（扭曲）本身，而基本忽视其内在形成机制和影响因素，从而无法对改善资源配置扭曲，提升资源配置效率提出切实可行的政策建议。

1

　　针对上述研究空白,本书研究所聚焦的核心内容是:将能源要素创新性地纳入已有资源配置效率研究框架,同时在处理近400万个观测值微观数据的基础上,构建了随"地区-部门-时间(1998—2013年)"变化的三维投入产出面板数据,将研究样本区间拓展至金融危机后的6年,使得对国际金融危机后乃至"新常态"阶段的中国资源配置效率进行探讨成为可能;此外,为提升资源配置效率提出切实可行的政策建议,进一步地,本书分别考察了融资约束与最低工资制度对中国资源配置效率的影响。其中,就融资约束而言,本书实证检验了融资约束负向影响资源配置效率,更为重要的是,甄别和界定了融资约束负向影响资源配置效率的条件,从而为缓解融资约束负面效应提供了新思路;就最低工资制度而言,本书实证检验了最低工资制度对中国资源错配的影响,并重点探讨了潜在的作用机制。

　　本书主要研究结论以及相应的政策建议是:第一,虽然中国全要素生产率(TFP)持续增长,但是资源配置效率低下,资源配置扭曲导致1998—2013年间TFP平均下降42.7%。此外,本书基于"反事实"策略的研究揭示,资本、劳动、能源等要素扭曲对总扭曲的贡献率分别为43.8%、21.2%与36.1%。近年来,能源扭曲逐渐超越资本扭曲成为中国资源配置扭曲的首要贡献者。可见,实现2015年中央经济工作会议所提出的"矫正要素配置扭曲,扩大有效供给,提高供给结构的适应性和灵活性,提高全要素生产率"的战略目标,一方面需要继续缓解资本扭曲与劳动扭曲,另一方面更为重要的是,通过对产业结构优化升级提升能源要素配置效率;第二,融资约束显著降低了中国资源配置效率,但融资约束的这一负面效应随着微观企业效率韧性的升高而降低,当微观企业效率韧性提升到一定的水平时,融资约束的影响甚至不再显著。这一重要发现的政策含义是,除了可以通过直接缓解融资约束这一常规方法来减缓融资约束对资源配置效率的负向影响,还可以通过为高效率企业创造稳定的经营环境来提高这些企业效率的韧性来实现这一目标;第三,最低工资标准的提升有利于改善资源错配,进一步的传导机制检验结果表明,通过增加低效率企业退出市场的概率和对企业生产效率的非对称提升作用两条途径,最低工资制度使得企业生产效率的分布收紧,从而改善了资源错配。这一研究结论的政策含义是,在充分考虑到最低工资制度成本的同时,可以通过因地制宜地制定合理的最低工资水平来缓解资源误配,提升资源配置效率,改善经济增长质量。

第一章 导 论

第一节 研究背景与研究意义

改革开放以来,中国社会主义现代化建设,特别是经济40多年的持续、快速增长,创造了人类历史上前所未有的奇迹,取得了举世瞩目的成就。与此相应的是,综合国力极大增强,人民群众生活水平显著提高(图1-1左)。[①] 然而,中国经济发展的水平和质量与世界主要发达经济体依然存在较大差距,这集中体现在中国人均收入不高以及经济运行效率低下两个方面(图1-1右)。中国经济能否保持中高速增长势头,继续缩小与世界主要发达经济体的差距,从而夺取社会主义现代化建设的全面胜利,最终实现中华民族的伟大复兴,是我国学术研究和政策制定长久以来所共同面临的重大理论和现实课题。

本质上,上述问题的科学阐释与系统回答离不开对经济增长源泉问题以及不同国家与地区之间为何呈现差异性增长问题的深入系统探究。从"供给侧"视角来看,新古典经济理论认为,经济增长的源泉主要来自资本、劳动等生产投入要素的增加以及宏观全要素生产率TFP的提升,不同国家与地区之间呈现的差异性增长也可以相应地从资本、劳动要素以及TFP的异质性中得到解释。就我国现阶段的经济发展现实而言,一方面,随着老龄化问题的日益凸显,中国经济赖以发展的重要基础——人口红利即将消失殆尽;另一方面,虽然资本的快速积累带来了过去30多年经济的持续高速增长,但是与其他同类经济体相

---

① 中国2015年GDP接近1978年的180倍。

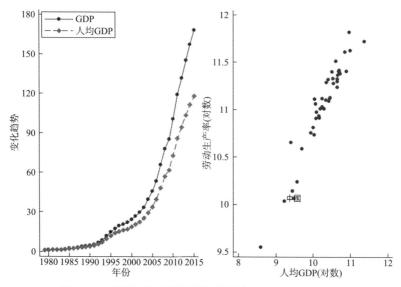

图 1-1　中国经济发展及其与世界主要发达国家的差距

比,中国消费占比畸低①,从而导致当前中国资本形成比已基本接近极限值(杨汝岱,2015)。由此可见,既有依靠人口红利的释放以及资本粗放式积累的发展模式难以为继。特别是,随着 2008 年金融危机的深层次影响不断显现,中国经济逐步迈入"新常态"阶段,经济增速出现下滑,同时还伴随着产能过剩、产业结构亟需转型升级、环境污染突出等一系列重大经济社会问题。

在此"多期叠加"的大背景下,通过全面提升宏观全要素生产率来促进经济发展受到越来越多的关注和重视。根据现有经典经济理论,宏观经济全要素生产率主要由以下两个方面的因素来决定:一是微观供给主体(通常指企业)的效率水平;二是资源配置效率,所谓资源配置效率是指经济资源在不同微观供给主体之间的配置方式,一般地,给定微观供给主体的效率水平,效率越高的微观供给经济主体获取的资源(资本、劳动、能源等)越多,资源配置效率越高,反

①　以 2012 年为例,中国居民消费占 GDP 的比重仅为 29%。而世界主要国家消费占 GDP 比重的平均水平为 60% 以上。

之则反（Banerjee and Duflo，2005；龚关和胡关亮，2013；Midrigan and Xu，2014；Adamopoulos et al.，2017；陈诗一和陈登科，2017）。本书即是从资源配置效率这一重要的特定视角来考察中国经济增长动能转换问题。总体而言，研究和考察资源配置效率问题至少在以下三个方面具有重大意义：

首先，从理论上来看，现有文献多侧重于从全要素生产率视角来阐释不同国家与地区之间为何呈现差异性增长，并指出异质性的技术水平与扩散速率是导致全要素生产率差异的根源所在。然而，随着近年来资源配置效率研究成为现有研究的重要热点之一，越来越多的重要文献指出，除了异质性的技术水平之外，资源如何在不同微观供给主体间配置亦是影响宏观全要素生产率的关键因素，进而能够较大程度上解释国家和地区间经济发展绩效的巨大差异（Banerjee and Duflo，2005；Restuccia and Rogerson，2008；Hsieh and Klenow，2009；Bartelsman et al.，2013；Peters，2013；Asker et al.，2014）。例如，谢长泰和克莱诺（Hsieh and Klenow，2009）研究发现，资本和劳动要素在微观制造业企业间实现有效配置的前提条件下，1999—2005 年间中国制造业加总全要素生产率可以在现有水平的基础上提高 30%～50%，而印度制造业加总全要素生产率的提升更是高达 40%～60%。因此，探讨资源配置效率问题具有重要的理论意义。

其次，资源配置效率问题不仅受到学界的广泛关注，更是因其重要性逐渐受到政策制定者的高度重视。由此可见，研究资源配置效率问题具有政策指导意义。特别地，当前中国宏观经济政策正在逐步从注重需求管理向供给与需求管理相结合、更加注重供给管理的方向转变。资源配置效率问题是当前供给管理的核心问题，与"供给侧"改革政策的科学制定和有序推行密切相关。比如，2015 年 12 月，中央经济工作会议明确强调，"要加大结构性改革力度，矫正要素配置扭曲，扩大有效供给，提高供给结构的适应性和灵活性，提高全要素生产率"，此外会议上习近平总书记还进一步提出，抓好"去产能、去库存、去杠杆、降成本、补短板"五大任务。其中，去产能、去库存与资源配置效率密切相关。可见，为确保"供给侧"宏观经济政策制定的科学性与合理性，有必要对中国资源配置效率的历史演化趋势、现状以及影响因素进行深入细致的考察。

　　第三,虽然已有文献对资源配置问题进行了有益的探讨,但是还有诸多空白亟需填补。比如,尽管现有研究对中国资源配置效率进行了深入细致的分析,然而研究样本区间多截止于 2007 年,从而无法对 2008 年金融危机后、特别是当前"新常态"下中国资源配置效率的动态演化特征进行系统研究和定量分析。事实上,金融危机的冲击以及随之而来的 4 万亿投资计划的启动,势必对中国经济资源配置的方式及效率造成影响。[①] 此外,现有文献对资源配置效率的研究基本只基于传统的资本要素与劳动要素,鲜有将能源这一重要投入要素纳入研究框架,在当前中国超越美国成为全球第一大能源消费国的背景下(见图 1-2,图形进一步显示,中国能源消耗不仅显著超越美国,而且能耗量高达排

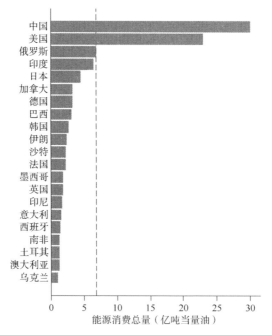

图 1-2　2014 年能源消费排名前 20 国家一次能源消费总量

---

① 虽然郝大明(2015)研究样本区间较长(1978—2014)且涵盖了金融危机后 6 年的时间,然而作者关注的是劳动要素的配置效率,并未涉及本书所探讨的资本与能源要素配置效率。

名第三国家俄罗斯的 4.5 倍），这一做法尤为必要。最后，已有文献多侧重于中国资源配置效率大小的测算，而多忽略分析造成资源配置效率低下背后的影响因素与机制。

第二节　研究结构与研究内容

本书共分为七章。第一章为导论，主要介绍本书的研究背景与研究意义，同时梳理全书研究结构和研究内容，并指出相对于已有研究的创新之处；最后一章（第七章）为本书研究结论，该章总结全书，在此基础之上提出相应的政策建议，并进一步对本书未来的拓展方向进行阐释和说明。本书研究的主体部分是第二章至第六章，其研究内容具体如下：

第二章为文献评述。通过对国内外相关文献的梳理和回顾，指出现有研究的不足之处，进一步明确本书研究的创新之处和现实意义。

第三章在处理中国工业企业微观数据库的基础上，呈现中国资源配置效率的相关典型事实，以期为下文研究提供参照和基准。具体而言，第三章在既有关于资源配置效率经典理论框架内，基于 1998—2007 年中国工业企业微观数据库，对中国资源配置效率时序变化规律与截面异质性特征进行解析与总结。

第四章，对现有研究资源配置效率的理论进行拓展，在此基础上研究中国资源配置效率动态演化和分解问题。具体而言，该章将能源要素纳入理论分析框架，构建 1998—2013 年"地区-部门-时间"三维投入产出面板数据，将中国资源配置效率动态演化及分解研究拓展到国际金融危机爆发后的最新时点，并通过"反事实"研究策略将中国资源配置效率分解为地区和部门以及资本要素、劳动要素、产品市场特别是能源要素扭曲对总扭曲的贡献。

第五章和第六章分别从不同的视角探讨中国资源配置效率的影响因素。第五章主要考察融资约束对中国资源配置效率的影响，并创新性地进一步探讨融资约束影响中国资源配置效率的前提和条件，从而为缓解融资约束对中国经济负向影响提供新的思路。第六章则聚焦于最低工资这一广泛存在于劳动力市场的制度对中国资源配置效率的影响。

第三节　研究创新之处

关于资源配置效率的研究可谓浩如烟海、汗牛充栋，如何从中汲取精华，并对其进行突破、创新是本书必须直面和回答的问题。总结全书，较之于既有关于资源配置效率的文献（见下文文献评述），本书研究的创新之处主要集中体现在以下两个方面：

首先，本书在测算和估计资源配置效率这一重要方面实现了突破，在边际上拓宽了相关研究的界限。这主要体现在：第一，为更加准确、科学地测算中国资源配置效率、刻画中国经济资源配置效率动态演化特征，本书将能源这一重要投入要素创新性地纳入已有研究框架。第二，进一步突破了既有考察资源配置效率文献生产函数规模报酬不变的限定。第三，首次构建了长时间序列相对连续完整的随地区、部门、时间这三个维度变化的投入产出面板数据，把研究样本区间延长至金融危机之后 6 年，使得对金融危机以后乃至"新常态"阶段的中国资源配置效率进行探讨成为可能。第四，基于"反事实"框架，综合考察了地区和部门以及资本要素、劳动要素、产品市场特别是能源要素扭曲对总扭曲贡献的动态演化特征。第五，从研究结果上来看，与大部分已有文献发现中国资源配置效率有所改善不同，本书的结果揭示，在考虑能源投入要素后，中国资源配置效率并未出现显著改善迹象，特别是重工业膨胀与国际金融危机均加剧了中国资源配置扭曲程度（图 1－3）。

本书不仅系统测算了中国资源配置效率，还突破已有研究的局限，进一步地探究了中国资源配置效率的影响因素，从而对于政策的制定和实施，特别是对当前"供给侧"改革政策具有重要借鉴意义。

长久以来，中国经济发展受困于金融市场发展不完善，融资约束问题突出，

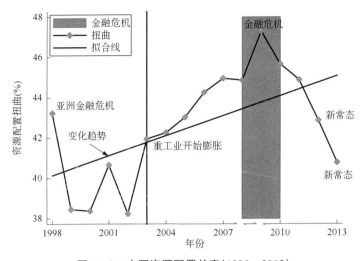

图 1-3　中国资源配置效率(1998—2013)

且并未出现显著改观(李科和徐龙炳,2011;马光荣和李力行,2014),图 1-4 绘制的中国地级及以上城市层面金融机构贷款总额与 GDP 比值的变化进一步揭示,2003—2013 年间中国融资约束并未有所缓解。一方面融资约束降低了中国资源配置效率,进而拖累了经济运行效率的提升,必须采取措施加以应对;另一方面主要金融部门改革缓慢且不完全导致我国金融发展缓慢。因此,如何在金融发展缓慢、金融改革成本较高的前提下,缓解融资约束对中国资源配置效率以及经济运行效率的负面影响是亟需回答的问题。本研究试图从融资约束、企业效率韧性与资源配置效率关系这一全新视角来探讨这一问题,界定和识别融资约束影响资源配置效率的条件,从而为缓解融资约束对中国经济的负向影响提供新思路。

其次,作为劳动力市场管制的重要手段之一,以 1993 年《企业最低工资规定》的颁布为标志,中国开始尝试实施最低工资制度。特别是,2004 年《最低工资规定》的出台将最低工资制度推向全国范围,并要求最低工资每两年至少调整一次。面对最低工资上涨带来的劳动力成本增加,企业会根据这一外部冲击

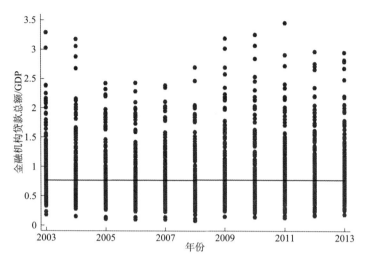

图 1－4 中国地级市金融机构贷款总额与 GDP 之比（2003—2013）

来调整其生产经营活动,从而引发资源在企业间的重新配置。结合中国的经济增长发展现状,一个自然而然产生的疑问是:最低工资制度的执行将如何影响中国的资源错配?上述关系在不同经济发展阶段、不同类型企业间是否存在显著差异?潜在的传导机制为何?这些问题还尚未得到回答。

有鉴于此,本书聚焦于融资约束以及最低工资制度对中国资源配置效率的影响。就融资约束对中国资源配置效率的影响而言,本书研究发现,融资约束显著降低了中国资源配置效率。更为重要的是,区别于已有研究,本书研究结果进一步揭示,融资约束对资源配置效率的负向影响随着微观企业效率韧性的提高而降低,当微观企业效率韧性提高到一定水平,融资约束对资源配置效率的负向影响甚至不再显著。就最低工资制度对中国资源配置效率的影响而言,本书研究发现,最低工资标准的提升有助于改善资源错配,且该效应在东、中、西三大区域趋于增强,进一步的传导机制检验结果表明,通过增加低效率企业退出市场的概率和对企业生产率的非对称提升作用两条途径,最低工资制度使得企业生产率的分布收紧,从而改善了资源错配。

第二章　文献评述

如前所述,资源配置效率事关经济运行效率的提高,与经济发展的可持续性息息相关。因此,对资源配置效率问题的探讨一直是国内外文献研究的热点和重点,特别是考虑到近年来国际金融危机冲击实体经济,经济发展的资源约束瓶颈日益显现,依靠低端出口以及粗放式要素投入来拉动经济增长的传统经济发展模式难以为继。

总体而言,既有文献主要从以下视角来研究资源配置问题:(1)估计供给主体(通常指微观企业)的全要素生产率。结合前文,所谓资源配置效率是指,经济资源在不同效率供给主体之间的配置模式。一般而言,生产效率越高的供给主体获取的经济资源越多,资源配置效率越高,反之则反。可见,估计供给主体全要素生产率是探讨资源配置问题的前提;(2)对资源配置效率进行测算,并由此来解释不同国家与地区之间为何呈现差异性增长,这部分文献也是现有关于资源配置效率研究的主体;当前,少部分文献逐步开始致力于识别和分析资源配置效率背后的机制和影响因素。

第一节　全要素生产率

资源配置是经济资源在不同效率供给主体之间的配置模式,因此对供给主体全要素生产率的考察是分析资源配置效率问题前提。此外,文献中资源配置效率通常与加总全要素生产率相关联,即采用加总全要素生产率的损失来度量资源配置效率。正是基于这一认识,本书首先梳理并评述与全要素生产率估计相关的文献。全要素生产率(TFP)这一概念最先由索洛(Solow,1957)正式提出。所谓全要素生产率通常被定义为总产出中不能被资本、劳动和能源等生产要素所解释的"剩余"。作为与经济增长和可持续发展息息相关的概念,全要素生产率一直是经济学研究的活跃领域。正如克鲁格曼(Krugman,1997)所强调的那样,"全要素生产率不是一切,但长期看来近似一切"。普雷斯科特(Prescott,1997)进一步指出,忽略了国家间全要素生产率的差异,新古典增长模型无法解释国家间收入的差别。按照新古典增长理论,全要素生产率实际上是经济持续增长的唯一源泉。正是因为如此,全要素生产率再怎么强调也不过分。

一、宏观全要素生产率

自从索洛(1957)开创性工作以来,致力于全要素生产率问题研究的文献相当丰富。关于全要素生产率的研究早期主要停留在国家或地区等宏观层面(Jorgenson et al.,1987;Young,1995;Hsieh,1999;Young,2003;郭庆旺和贾俊雪,2005;Zheng et al.,2009;Perkins and Rawski,2008;谢千里等,2008)。具体地,乔根森等人(Jorgenson et al.,1987)研究了全要素生产率和美国战后经济增长率的关系,发现1948—1979年间美国经济增长的25%可以由全要素生产率的提高来解释。杨(Young,1995)在对亚洲新兴经济体全要素生产率测算的基础上指出,一旦考虑到人力资本和投资等要素投入的快速增长,亚洲新兴经济体的全要素生产率增长并没有显著高于OECD国家和拉丁美洲经济的历史绩效。然而,谢长泰(Hsieh,1999)采用增长核算对偶方法所得到的结果显示,杨(Young,1995)低估了亚洲新兴经济体全要素生产率增长率近3个百分点。随着中国经济发展取得了举世瞩目的成就,其全要素生产率也受到了越来越多国内外学者的关注。其中,比较有代表性的文献有:杨(Young,2003)在对1978年至1998年间官方数据进行调整的基础上发现,中国非农部门TFP年增长率从官方数据的3%下降为1.4%。郭庆旺和贾俊雪(2005)指出,1979年至2004年间中国TFP增长率对经济增长的贡献率较低,并认为这是由于技术进步率偏低、生产力没有得到充分发挥等因素所造成的。郑江淮等人(Zheng et al.,2006)测算了1978至2004年间中国TFP增长率,发现研究区间内中国

TFP 年均增长率为 4.14%。珀金斯和罗斯基(Perkins and Rawski,2008)对中国 1978 至 2005 年间 TFP 进行了估算,发现中国的 TFP 年均增长率为 3.8%。此外,考虑到能源要素在推动经济增长过程中的作用日益突出,一些学者在探讨 TFP 增长率的过程中,进一步将能源和环境变量纳入了分析框架(胡鞍钢等,2008;涂正革,2008;陈诗一,2010;王兵等,2010)。

二、微观全要素生产率:OLS 估计

前述文献主要基于国家或者地区加总数据对全要素生产率展开研究,然而仅仅考察总量数据所计算得出的全要素生产率可能产生具有误导性的结果(Bartelsman and Dhrymes,1998)。此外,基于加总层面数据所得到的宏观全要素生产率无法揭示资源配置效率状况(Bartelsman et al.,2013)。因此,随着微观数据可得性与数据质量的逐步提升,学者们开始更多地将研究重心集中在微观企业全要素生产率的研究上。

考察微观企业全要素生产率的文献最早可以追溯到 20 世纪 90 年代。这部分文献大多通过采用最小二乘法(OLS)来直接估计企业全要素生产率。比如,贝塔斯曼和德莱姆斯(Bartelsman and Dhrymes,1991)考察了美国制造业企业 1972 至 1986 年间全要素生产率的演化特征。他们发现,新进入企业并不一定比在位企业更具效率,但是却面临更大的不确定性,并且把自身生产效率维持在特定水平上的能力更低;作者进一步的研究发现,雇用工人数量较大的企业退出市场的可能性较低,同时能够以更大的可能性把自身的全要素生产率维持在特定的水平之上。贝塔斯曼和德莱姆斯(1998)的研究也得到了与此相类似的结果。贝利等人(Baily et al.,1992)用 OLS 方法估算了美国制造业企业的生产效率,发现美国制造业企业的生产效率具有很强的持续性,贝利等认为企业间劳动者素质的差异并不能解释生产效率的持续性,管理者的素质在企业生产效率的持续性上似乎扮演着更重要的角色,他们还发现老企业生产率只是略微地低于年轻的企业,进入和退出市场的企业大部分是小型企业。其他采用 OLS 方法来估算企业全要素生产率的代表性文献还有,谢千里等(2008)、布

兰特等(Brandt et al.，2012)、克里希南等(Krishnan et al.，2014)以及摩尔(Moll，2014)等人。

三、微观全要素生产率：内生性问题处理

然而,由于内生性问题的存在,采用 OLS 方法估计企业全要素生产率通常导致研究结果产生偏差。内生性问题之所以产生,是因为在市场经济条件下,微观企业是利润最大化主体,从而对不可观测的生产效率冲击作出反应。特别是当以利润最大化为目标的微观企业受到正向全要素生产率的冲击时,将相应地增加资本、劳动和能源等生产要素的投入,反之亦反。

针对 OLS 方法估计企业全要素生产率所产生的内生性问题,现有文献主要从两个维度来应对:第一,结合面板数据可以控制不随时间变化固定效应的优势,采用工具变量来缓解内生性问题;第二,采用可观测的企业要素投入决策来控制不可观测的全要素生产效率冲击,以此来缓解内生性问题。就第一类方法而言,具有代表性的文献是布伦德尔和邦德(Blundell and Bond，1998),他们的核心观点是通过寻找恰当的工具变量来处理内生性问题,并采用系统 GMM 方法估计动态面板回归方程。然而,工具变量的有效性同时依赖于与内生变量相关以及与误差项不相关,现实中满足要求的变量非常难以找寻,因此采用工具变量方法来克服企业全要素生产率估计过程中的内生性问题并不成功(Ackerberg et al.，2015)。第二类方法由奥利和派克斯(Olley and Pakes，1996)所开创,并被莱文森和佩特兰(Levinsohn and Petrin，2003)以及阿克伯格等(Ackerberg et al.，2015)等文献拓展和推广。奥利和派克斯(1996)通过采用投资作为不可观测生产效率冲击的代理变量来处理前述内生性问题。其具体做法为,假设企业的投资和不可观测的生产效率冲击具有单调正相关关系,即在市场上出现正向生产效率冲击时,企业将增加投资,然后把不可观测的生产效率冲击写成投资的函数,进入生产函数回归方程。然而,莱文森和佩特兰(2003)指出,采用投资作为不可观测生产效率冲击的代理变量可能会损失样本。究其原因在于,奥利和派克斯(1996)假定生产效率冲击和投资具有单调关

系,投资量为零的样本企业将丢失。为此,莱文森和佩特兰(2003)建议采用中间投入作为不可观测效率冲击的代理变量。正如鲁晓东和连玉君(2012)所指出的那样,LP方法[①]可以使得研究者根据数据的特点灵活地选择代理变量。阿克伯格等人(2015)进一步指出,奥利和派克斯(1996)与莱文森和佩特兰(2003)存在多重共线性问题,从而无法得出准确的估计结果。阿克伯格等人(2015)在奥利和派克斯(1996)的基础上进一步引入生产要素投入的时序约束来克服多重共线性问题。奥利和派克斯(1996)所开创的方法一经提出便受到了学者们的普遍重视,并得到了非常广泛的运用(Pavcnik, 2002;Biesebroeck, 2003;Topalova, 2003;Blalock and Gertler, 2004;Alvarez and Lopez, 2005;余淼杰, 2010;聂辉华和贾瑞雪,2011;Brandt et al., 2012;鲁晓东和连玉君,2012;陈诗一,2017)。

值得指出的是,由于在通常情形下,无法观测到企业层面的价格水平,上述文献基本采用行业层面价格水平对企业名义产出进行平减,因此,所估计的企业全要素生产率包含了企业层面的价格信息,本质上是名义全要素生产率(TFPR),从而无法准确衡量企业实际效率水平,即产生"遗漏价格偏误"(Klette and Griliches,1996;Foster et al., 2008)。福斯特等人(Foster et al., 2008)通过搜集企业层面的价格数据,计算得出实际全要素生产率(TFPQ),发现TFPQ与价格负相关,而TFPR与价格正相关,这进一步彰显了对TFPR和TFPQ进行区分的必要性。事实上,企业层面价格数据的可得性非常之有限,现有文献控制"遗漏价格偏误",进而识别TFPQ的更为通常的做法是,对需求侧做假设(Hsieh and Klenow, 2009;Deloecker, 2011;Hopenhayn, 2014;Hsieh and Song, 2015)。比较有代表性的是,德劳克(Deloecker,2011)通过引入需求侧差异性产品推导出需求函数,并进一步将其纳入生产函数估计方程,以此来控制"遗漏价格偏误"。

---

① 莱文森和佩特兰(Levinsohn and Petrin,2003)所提出的方法,简称LP方法。

第二节　资源配置效率

大量已有文献研究发现,异质性全要素生产率是不同国家与地区之间呈现差异性增长的根本原因(Banerjee and Duflo, 2005;Restuccia and Rogerson, 2008;Hsieh and Klenow, 2009)。那么,与此相关的一个自然而直接的命题是,引起不同国家与地区之间全要素生产率差异的关键因素是什么? 近年来,特别是随着谢长泰和克莱诺(2009)研究的问世,从资源配置效率视角来阐释国家与地区之间全要素生产率差异的文献呈现"井喷式"增长(Banerjee and Duflo, 2005;Alfaro et al. ,2009;Guner et al. ,2008;Restuccia and Rogerson, 2008;Hsieh and Klenow, 2009;Buera et al. ,2011;Bartelsman et al. ,2013;Hopenhayn, 2014;David et al. ,2016;Eden, 2017;陈诗一和陈登科,2017)。

一、资源配置效率:要素边际产出离散度

基本经济理论揭示,在不存在任何摩擦的经济环境中,资源配置最优状态实现的条件是,不同生产主体间要素边际产出相等,对该条件的任何偏离均将造成资源配置扭曲,导致经济效率下降(更为详细的说明参见本书第三章)。基于该命题所蕴含的思想,谢长泰和克莱诺(2009)推导出资源配置效率与要素边际产出离散程度负向相关的结论,并进一步以美国为基准实证度量了中国与印度资源配置效率状况。其研究发现,资源配置扭曲可以解释中国和印度与美国经济效率差距的一半。具体而言,谢长泰和克莱诺(2009)指出,资本和劳动要素在企业之间实现有效配置的前提条件下,中国和印度制造业全要素生产率可以分别提高30%～50%与40%～60%。

谢长泰和克莱诺(2009)所提出的框架开创性地从微观企业数据中识别要素配置扭曲,并进一步推导出加总全要素生产率与要素配置扭曲的显性表达式。该框架因与微观数据结合的紧密性以及模型结果的简洁性而得到广泛运用。例如,布兰特等人(Brandt et al. ,2013)在谢长泰和克莱诺(2009)的框架内

纳入国有与非国有部门,考察了中国资源配置效率状况,其研究结果揭示,资源配置扭曲导致中国全要素生产率在1985—2005年间年均下降了30%。陈凯迹和意莱拜尔(Chen and Irarrazabal,2013)发现,1982年金融危机后,智利的产出和全要素生产率经历了持续10多年的快速增长,他们采用谢长泰和克莱诺(2009)框架对这一现象进行了分析,研究发现,资源配置扭曲的减少可以解释1982年金融危机后智利全要素生产率增长的40%。龚关和胡关亮(2013)采用工业企业数据库考察了中国1998—2007年制造业资源配置效率,其研究结果显示,资本和劳动要素配置效率的改善分别促使中国全要素生产率提高了10.1%和7.3%。谢长泰和宋铮(Hsieh and Song,2015)研究发现,开始于20世纪90年代末的"抓大放小"国企改革显著提升了中国国有企业效率,从而改善了中国资源配置效率。

除了直接沿用谢长泰和克莱诺(2009)的框架,另外一些文献对该研究框架进行了创新拓展。比如,谢长泰和克莱诺(2009)只是基于所观测到的在位企业探讨资源配置扭曲问题(即"集约边际"),班纳吉和摩尔(Banerjee and Moll,2010)则同时从"集约边际"和"广延边际"(市场摩擦导致效率较高的经济主体无法进入市场)两个维度来分析资源配置扭曲问题,并指出"集约边际"维度上的资源配置扭曲随着企业的自我积累的增加而消失,"广延边际"维度上的资源配置扭曲是现实中资源配置扭曲广泛存在的根本原因。同时考虑"集约边际"和"广延边际"两个维度上资源配置扭曲的相关文献还有福斯特等人(Foster et al.,2008)、皮特斯(Peters,2013)、孙元元和张建清(2015)、阿达莫普洛斯等人(Adamopoulos et al.,2017)以及斯托莱顿等人(Storesletten et al.,2016)。特别地,孙元元和张建清以班纳吉和摩尔(2010)所界定的二元边际("集约边际"与"广延边际")为切入点,对1998—2007年间中国制造业省际资源配置效率演化进行了考察发现,研究样本期间中国"集约边际"维度上的资源配置效率有所改善,而"广延边际"维度上的资源配置效率逐渐恶化。此外,为精确识别中国制造业行业资本扭曲的影响,宋铮和吴桂英(Song and Wu,2015)进一步将异质性需求弹性、调整成本纳入到谢长泰和克莱诺(2009)框架,同时考虑了数据测量误差,其研究发现,资本要素配置扭曲导致中国制造业行业产出下降20%。此外,谢长泰和克莱诺(2009)所提出的研究框架本质上是静态(或者长期均衡)模型,无法刻画资源配置效率动态演化(或短期)特征(Peters,2013)。为此,奥斯科尔等人(Asker et al.,2014)将动态要素投入引入资源配置效率研究框架,在此基础上运用涵盖40个国家和地区的微观企业数据进行实证研究,他们的研究结果揭示,将动态要素引入后,模型预测结果能够更为准确地拟合现实数据中所观测到的资源配置扭曲(或者要素边际产出离散程度)。皮特斯(2013)则通过引入企业市场进入与创新决策内生化企业成本加成,从而将传统的资源配置问题动态化,其主要研究结论是,由于资源错配的程度与经济增长负相关,动态资源错配的福利效应显著高于静态资源错配情景。

二、资源配置效率:企业规模与效率协方差

有学者认为,要素边际产出离散程度只是从一个角度大致地描绘了资源错置的程度,更为严谨地度量资源误置程度需要借助于全要素生产率的分解(聂辉华和贾瑞雪,2011)。基于这一认识,不同于前述文献选取要素边际产出离散程度来度量资源配置效率,另外一部分文献在对加总全要素生产率进行分解的基础上,获取企业效率与企业规模之间的相关性,并以此来测度资源配置效率。一般地,企业生产效率与企业规模的正向相关性程度越高,资源配置的效率越高,反之则反。这一思想最先由奥利和派克斯(1996)提出,并由班吉纳和迪弗洛(Banerjee and Duflo,2005)进一步评述和推广。其背后的理论逻辑是,如果经济资源能够得到有效配置,那么那些效率较高的企业理应得到更多的资源,从而规模也越大;相反,在资源配置扭曲状态下,效率较低的企业反而获取了更多的资源。正式地,行业加总全要素生产率可以表示为:

$$\Omega = \sum_i \theta_i \omega_i = \bar{\omega} + \sum_i (\theta_i - \bar{\theta})(\omega_i - \bar{\omega})$$

其中,Ω 为行业加总全要素生产率,θ_i 与 ω_i 分别为企业 i 的产出份额与全

要素生产率,$\bar{\omega}$代表行业平均全要素生产率。可见,企业规模与全要素生产率的协方差(或者相关性)越大,行业加总全要素生产率越高。聂辉华和贾瑞雪(2011)采用企业规模与全要素生产率的协方差度量了1998—2007年中国制造业资源配置效率,他们的分析表明,中国企业规模与全要素生产率协方差的水平数值显著低于发达经济体,即中国制造业内部的资源配置离最优状态还有比较远的距离,然而从协方差增长率来看,中国的情形却要乐观得多(表2-1)。贝塔斯曼等人(Bartelsman et al.,2013)构建异质性企业模型,对美国、欧洲主要国家以及东欧转型经济体资源配置效率进行研究发现,无论从理论上,还是从实证上,企业生产效率与企业规模的相关性均是度量资源配置效率比较稳健的指标。梅里兹和波拉克(Melitz and Polanec,2015)则引入企业进入退出,进而将奥利和派克斯(1996)所提出的研究框架动态化。梅里兹和波拉克(2015)并采用这一动态框架考察了斯洛文尼亚制造业企业资源配置状况,他们的分析显示,企业进入退出可以解释斯洛文尼亚加总全要素生产率增长的10%,他们同时还发现,较之于奥利和派克斯(1996)所提出的静态框架,在考虑企业进入退出的动态框架下,在位企业之间资源的重新配置对加总全要素生产率具有更大的影响。

表2-1　企业规模与全要素生产率协方差及增长率

国家	企业规模与 TFP 协方差	企业规模与 TFP 协方差增长率
美国	0.51	0.09
英国	0.15	0.06
德国	0.28	0.14
法国	0.24	—
荷兰	0.30	0.11
匈牙利	0.16	0.18
罗马尼亚	−0.03	0.25
斯洛文尼亚	0.04	0.16
中国	−0.005	0.29

数据来源:Bartelsman et al.(2013)与聂辉华和贾瑞雪(2011)。

三、资源配置效率：影响因素

虽然前述文献对资源配置问题进行了丰富而有益的探讨，但是均假设资源配置扭曲是外生给定的，而未进一步地讨论资源配置扭曲的影响因素，从而无法对改善资源配置扭曲，提升资源配置效率提出切实可行的政策建议（Hopenhayn，2014）。值得指出的是，虽然雷斯图卡和罗杰森（Restuccia and Rogerson，2008）指出"偏向性政策"能够显著降低资源配置效率，但在他们的研究中"偏向性政策"仅仅是一个"黑箱"，两位作者对"偏向性政策"所涵盖的具体内容并未做进一步的具体讨论。

有鉴于此，近年来一些文献开始探索资源配置扭曲形成的具体机制和影响因素。比如，布诺和申（Buera and Shin，2013）、摩尔（Moll，2014）与米德里根和徐熠（Midrigan and Xu，2014）从金融摩擦或融资约束这一重要视角来阐释资源配置扭曲的形成机制。具体而言，布诺和申（2013）构建两部门结构模型估计了金融摩擦对资源配置效率的影响，他们的分析显示，金融摩擦或融资约束显著降低了加总全要素生产率。摩尔（2014）与米德里根和徐熠（2014）则同时从"集约边际"（融资约束导致在位企业要素边际产出出现差异）和"广延边际"（由于融资约束的存在，高效率企业无法进入市场）两个维度来考察融资约束对资源配置效率的影响，研究发现，融资约束主要通过"广延边际"渠道引起资源配置效率下降，而从"集约边际"上来看，融资约束几乎不影响资源配置效率（或加总全要素生产率）。究其原因在于，高效率企业可以通过自我积累来抵消外部融资约束的限制。戴维等人（David et al.，2016）则指出，除了政策因素以及金融摩擦外，不完全信息亦是造成资源配置扭曲的重要因素。进一步地研究发现，不完全信息导致中国和印度资源配置效率分别下降7%～10%与10%～14%。

第三节　小结：现有资源配置效率研究的缺失

通过前述文献的梳理不难发现以下重要事实：（1）虽然既有文献对资源配

置效率问题进行了丰富而有益的研究,但是基本上只是基于传统的资本和劳动要素,鲜有将能源这一重要投入要素纳入研究框架;(2)关于中国资源配置效率的文献,研究样本区间多截止于 2007 年之前(Hsieh and Klenow,2009;Brandt et al.,2013;龚关和胡关亮,2013;孙元元和张建清,2015;盖庆恩等,2015;张天华和张少华,2016);(3)虽然少量国外研究开始关注资源配置效率的影响因素,然而国内文献在这方面的研究基本上是空白。前文所述及的创新拓展正是基于以上基本事实得出的。

第三章 中国资源配置效率
——基于经典理论的典型事实

第一节 引言

观察和剖析现实经济数据所展示的特征事实,是对中国资源配置效率进行深入研究的前提。然而,对特征事实的科学研究,离不开经济理论的必要指引。有鉴于此,本章在既有经典理论框架内,基于1998—2007年中国工业企业微观数据库,对中国资源配置效率时序变化规律与截面异质性特征进行解析与总结,为下文的分析提供参照和基准。

第二节 理论模型

一、生产函数设定

类似于谢长泰和克莱诺(2009)考虑一个"迪克西特-斯蒂格里茨"垄断竞争经济体。该经济包含了 I 个企业,企业 i 的生产函数服从"柯布-道格拉斯"形式:

$$Y_i = A_i K_i^\alpha L_i^{1-\alpha} \tag{3-1}$$

其中,Y_i、K_i 以及 L_i 分别表示企业 i 的产出、资本和劳动;A_i 代表企业全要素生产率;α 为资本产出弹性。

整体经济的产出由企业产出根据如下 CES 生产函数加总得到:

$$Y = \left(\sum_{i=1}^{I} Y_i^{1-\eta} \right)^{\frac{1}{1-\eta}} \tag{3-2}$$

其中,Y 表示加总产出,$1/\eta$ 为企业间的产出替代弹性。

企业的利润函数可以表述为：

$$\pi_i = P_i Y_i - (1+\tau_{ik})rK_i - (1+\tau_{il})wL_i \qquad (3-3)$$

其中，π_i 表示利润；P_i、r 与 w 分别为企业 i 产出品的价格、资本租金率与工资；τ_{ik} 与 τ_{il} 分别代表企业 i 所面临的资本市场与劳动市场扭曲。

二、优化行为

若令 P 表示整体经济的价格水平，生产总产出 Y 的优化问题则可表述为：

$$\underset{Y_i}{Max}\left\{ P\left(\sum_{i=1}^{I} Y_i^{\frac{1-\eta}{}}\right)^{\frac{1}{1-\eta}} - \sum_{i=1}^{N} P_i Y_i \right\} \qquad (3-4)$$

式(3-4)关于 Y_i 求解一阶优化条件，并结合最终产品市场完全竞争特征可得：

$$Y_i = Y\left(\frac{P_i}{P}\right)^{-\frac{1}{\eta}} \qquad (3-5)$$

$$P = \left(\sum_{i=1}^{I} P_i^{-\frac{1-\eta}{\eta}}\right)^{-\frac{\eta}{1-\eta}} \qquad (3-6)$$

生产 Y_i 的优化问题可表述为：

$$\underset{K_i, L_i, P_i}{Max}\left\{\pi_i = P_i Y_i - (1+\tau_{ik})rK_i - (1+\tau_{il})wL_i \right\} \qquad (3-7)$$

式(3-7)分别关于 K_i 与 L_i 求解一阶优化条件，并结合式(3-5)，同时将总体价格水平 P 标准化为1，整理可以得到：

$$MRPK_i = \alpha(1-\eta)\frac{P_i Y_i}{K_i} = (1+\tau_{ik})r \qquad (3-8)$$

$$MRPL_i = (1-\alpha)(1-\eta)\frac{P_i Y_i}{L_i} = (1+\tau_{il})w \qquad (3-9)$$

式(3-8)与式(3-9)具有重要含义，它们意味着：第一，企业要素边际产出与其所面临的市场扭曲存在一一对应的正相关关系，因此可以运用企业要素边际产出识别其所面临的市场扭曲；第二，若市场中不存在任何扭曲，即 $\tau_{ik} =$

$\tau_{il} = 0$，所有企业的要素边际产出应该相等，因此，企业间要素边际产出的差异程度可以度量整体市场扭曲。

此外，结合式(3-2)与式(3-5)，并将总体价格指数 P 标准化为1，不难得到：

$$P_i Y_i = \left(Y^{\frac{\eta}{1-\eta}} A_i K_i^\alpha L_i^{1-\alpha} \right)^{1-\eta} \qquad (3-10)$$

进一步整理式(3-10)可将企业全要素生产率 A_i 表示为：

$$A_i = \left(\frac{Y_i}{Y} \right)^{\frac{\eta}{1-\eta}} \frac{P_i Y_i}{K_i^\alpha L_i^{1-\alpha}} = \left(\frac{P_i Y_i}{Y} \right)^{\frac{\eta}{1-\eta}} \left[\frac{(1+\tau_{ik})r}{\alpha(1-\eta)} \right]^\alpha \left[\frac{(1+\tau_{il})w}{(1-\alpha)(1-\eta)} \right]^{1-\alpha} \qquad (3-11)$$

根据式(3-11)不难得出，若不存在市场扭曲，即 $\tau_{ik} = \tau_{il} = 0$，企业全要素生产率 A_i 与大小（产出份额）正相关。换而言之，在无市场扭曲的经济体中，企业全要素生产率越高，其规模越大。由此可见，企业全要素生产率与企业规模的相关程度可以作为资源配置效率的度量指标。具体而言，企业全要素生产率与企业规模正相关性越强，资源配置效率越高。值得一提的是，奥利和派克斯(1996)采用不同的理论框架得出了类似的结论。

整理式(3-8)—式(3-10)可得：

$$P_i Y_i \propto \left(\frac{A_i}{(1+\tau_{ik})^\alpha (1+\tau_{il})^{1-\alpha}} \right)^{\frac{1-\eta}{\eta}} \qquad (3-12)$$

$$K_i \propto \frac{1}{1+\tau_{ik}} \left(\frac{A_i}{(1+\tau_{ik})^\alpha (1+\tau_{il})^{1-\alpha}} \right)^{\frac{1-\eta}{\eta}} \qquad (3-13)$$

$$L_i \propto \frac{1}{1+\tau_{il}} \left(\frac{A_i}{(1+\tau_{ik})^\alpha (1+\tau_{il})^{1-\alpha}} \right)^{\frac{1-\eta}{\eta}} \qquad (3-14)$$

三、要素均衡配给

若令 K 与 L 分别代表整体经济的资本存量和劳动，那么，资本与劳动市场出清条件分别为：

$$\sum_{i=1}^{I} K_i - K \tag{3-15}$$

$$\sum_{i=1}^{I} L_i = L \tag{3-16}$$

结合式(3-13)与式(3-15)可求得企业 i 的均衡资本要素配给：

$$K_i = \frac{\dfrac{1}{1+\tau_{ik}}\left(\dfrac{A_i}{(1+\tau_{ik})^{\alpha}(1+\tau_{il})^{1-\alpha}}\right)^{\frac{1-\eta}{\eta}}}{\sum_{i=1}^{I}\dfrac{1}{1+\tau_{ik}}\left(\dfrac{A_i}{(1+\tau_{ik})^{\alpha}(1+\tau_{il})^{1-\alpha}}\right)^{\frac{1-\eta}{\eta}}}K \tag{3-17}$$

类似地,结合式(3-14)与式(3-16)可求得企业 i 均衡劳动要素配给：

$$L_i = \frac{\dfrac{1}{1+\tau_{il}}\left(\dfrac{A_i}{(1+\tau_{ik})^{\alpha}(1+\tau_{il})^{1-\alpha}}\right)^{\frac{1-\eta}{\eta}}}{\sum_{i=1}^{I}\dfrac{1}{1+\tau_{il}}\left(\dfrac{A_i}{(1+\tau_{ik})^{\alpha}(1+\tau_{il})^{1-\alpha}}\right)^{\frac{1-\eta}{\eta}}}L \tag{3-18}$$

将式(3-17)与式(3-18)进一步代入式(3-10),同时结合式(3-5)可以得到：

$$Y = \frac{\left[\sum_{i=1}^{I}\left(\dfrac{A_i}{(1+\tau_{ik})^{\alpha}(1+\tau_{il})^{1-\alpha}}\right)^{\frac{1-\eta}{\eta}}\right]^{\frac{\eta}{1-\eta}}\sum_{i=1}^{I}\left(\dfrac{A_i}{(1+\tau_{ik})^{\alpha}(1+\tau_{il})^{1-\alpha}}\right)^{\frac{1-\eta}{\eta}}}{\left[\sum_{i=1}^{I}\dfrac{1}{1+\tau_{ik}}\left(\dfrac{A_i}{(1+\tau_{ik})^{\alpha}(1+\tau_{il})^{1-\alpha}}\right)^{\frac{1-\eta}{\eta}}\right]^{\alpha}\left[\sum_{i=1}^{I}\dfrac{1}{1+\tau_{il}}\left(\dfrac{A_i}{(1+\tau_{ik})^{\alpha}(1+\tau_{il})^{1-\alpha}}\right)^{\frac{1-\eta}{\eta}}\right]^{1-\alpha}}K^{\alpha}L^{1-\alpha} \tag{3-19}$$

根据式(3-19)可得加总全要素生产率 A：

$$A = \frac{\left[\sum_{i=1}^{I}\left(\dfrac{A_i}{(1+\tau_{ik})^{\alpha}(1+\tau_{il})^{1-\alpha}}\right)^{\frac{1-\eta}{\eta}}\right]^{\frac{\eta}{1-\eta}}\sum_{i=1}^{I}\left(\dfrac{A_i}{(1+\tau_{ik})^{\alpha}(1+\tau_{il})^{1-\alpha}}\right)^{\frac{1-\eta}{\eta}}}{\left[\sum_{i=1}^{I}\dfrac{1}{1+\tau_{ik}}\left(\dfrac{A_i}{(1+\tau_{ik})^{\alpha}(1+\tau_{il})^{1-\alpha}}\right)^{\frac{1-\eta}{\eta}}\right]^{\alpha}\left[\sum_{i=1}^{I}\dfrac{1}{1+\tau_{il}}\left(\dfrac{A_i}{(1+\tau_{ik})^{\alpha}(1+\tau_{il})^{1-\alpha}}\right)^{\frac{1-\eta}{\eta}}\right]^{1-\alpha}} \tag{3-20}$$

对式(3-20)左右两端取对数可以得到:

$$
\begin{aligned}
\log A = {}& \left(\frac{\eta}{1-\eta} + 1 \right) \log \left[\sum_{i=1}^{l} \left(\frac{A_i}{(1+\tau_{ik})^\alpha (1+\tau_{il})^{1-\alpha}} \right)^{\frac{1-\eta}{\eta}} \right] \\
& - \alpha \log \left[\sum_{i=1}^{l} \frac{1}{1+\tau_{ik}} \left(\frac{A_i}{(1+\tau_{ik})^\alpha (1+\tau_{il})^{1-\alpha}} \right)^{\frac{1-\eta}{\eta}} \right] \\
& - (1-\alpha) \log \left[\sum_{i=1}^{l} \frac{1}{1+\tau_{il}} \left(\frac{A_i}{(1+\tau_{ik})^\alpha (1+\tau_{il})^{1-\alpha}} \right)^{\frac{1-\eta}{\eta}} \right]
\end{aligned}
$$

$$(3-21)$$

若 $\log A_i$, $\log(1+\tau_{ik})$ 以及 $\log(1+\tau_{il})$ 服从联合正态分布(Hsieh and Klenow，2009)，$\log A$ 则可以进一步表示为:

$$
\log A = \frac{\eta}{1-\eta} \log \left(\sum_{i=1}^{l} A_i^{\frac{1-\eta}{\eta}} \right) - \frac{1}{2\eta} \mathrm{var}[\log TFPR_i] \qquad (3-22)
$$

其中，$TFPR_i = \dfrac{P_i Y_i}{K_i^\alpha L_i^{1-\alpha}}$。不难发现,式(3-22)表明加总全要素生产率与企业全要素生产率方差(离散程度)负相关,换而言之,企业全要素生产率的离散程度越大,资源配置效率越低。

综上所述,依据上述理论模型推导,可以具体得到以下两个度量资源配置效率的核心指标:第一,企业全要素生产率与规模的相关程度。二者之间的正相关性越强,资源配置效率越高;第二,企业全要素生产率的离散程度。离散程度越高,资源配置效率越低。

第三节　数据处理与企业全要素生产率测算

结合前文理论分析框架,本研究主要选取企业全要素生产率与企业规模的协方差以及企业全要素生产率方差来度量中国资源配置效率。因此,在度量资源配置效率之前需要首先测算企业全要素生产率。本节主要在介绍数据处理、估计企业全要素生产率的基础上,进一步测算中国资源配置效率,并基于此来进行典型事实分析。

一、数据

本章数据主要基于 1998—2007 年中国工业企业微观数据库。该数据库由国家统计局采集和维护,涵盖全部国有企业和所有规模以上(即年销售额在 500 万元以上)的非国有企业。

工业企业数据具有样本量大、时间跨度长、指标全面等优势,然而还存在诸如指标缺失、大小值异常、测度误差明显和变量定义模糊等问题,如果没有采取有效的方法缓解或消除这些缺陷,将会对研究产生负面影响(聂辉华等人,2012)。为此,本书首先参照蔡洪滨和刘俏(Cai and Liu,2009)的做法对数据进行如下处理:第一,删除诸如资产总额、雇用工人人数、工业增加值、固定资产净额或销售额这些关键指标缺失的观测值;第二,删除固定资产低于 1 000 万、总资产低于 1 000 万,同时雇用工人数量少于 30 人的观测值;第三,删除诸如总资产减去流动资产小于 0、总资产减去固定资产小于 0、总资产减去固定资产净额小于 0,或者累计折旧小于当期折旧等会计指标异常的观测值;第四,剔除利润率最高 0.5% 和最低 0.5% 的观测值。

此外,由于工业企业数据库还存在样本匹配混乱、企业编码重复、数据录入错误等问题,因此数据库中不存在一个能够唯一识别企业的指标。为此,本章参考布兰特等人(2012)的做法,对工业企业数据进行重新匹配。[①] 表 3-1 将匹配结果与布兰特等人(2012)进行了比对。结果显示,本书匹配成功率与布兰特

---

① 具体做法为:第一步,配成两年面板数据,首先根据企业代码识别同一家企业,然后再根据企业名称以及法人代表姓名进行识别,余下的企业则根据其他信息(包括地区代码、电话号码、开工年份、邮政编码、行业代码、主要产品以及所在县名称等)进行匹配;第二步,在配成两年面板的基础上进行连续三年面板的匹配,之所以要进行连续三年面板的匹配,是因为可能存在这样一种情形,即在第一步企业 A 没能和第二年的任何企业匹配,但却能和第三年的 C 匹配,同时 C 又能和第二年的 B 匹配,这样 A、B 和 C 应当视为同一家企业;第三步,配成 1998—2007 连续十年的非平衡面板数据。

等人(2012)非常之接近。此外,从表 3-1 还可以很容易地看出,工业企业数据库数据质量不断改善。具体而言,用企业代码识别企业的成功率越来越高,识别成功率从 1998 年的 81% 增加到 2007 的 90%。若进一步考虑到企业数量迅速增加[①],匹配成功率增加 9% 实际上是一个不小的改进。

表 3-1　企业信息匹配成功率(1999—2007)　　　　　　　　　(%)

年份	企业代码匹配成功率		其他信息匹配成功率		匹配总成功率	
	本书	布兰特	本书	布兰特	本书	布兰特
1999	80.9	80.6	4.2	4.1	85.1	84.7
2000	82.5	81.9	2.4	2.4	84.9	84.3
2001	73.8	73.8	4.6	4.6	78.4	78.3
2002	84.8	84.5	3.0	2.9	87.8	87.3
2003	82.6	82.5	4.5	4.0	87.1	86.6
2004	73.3	73.5	8.3	8.0	81.7	81.5
2005	83.2	82.2	1.9	1.7	84.1	84.1
2006	90.1	90.1	1.6	1.5	91.7	91.6
2007	90.5	—	1.3	—	91.7	—

　　本章所用到的主要变量包括企业产出、中间投入、工业增加值、资本存量、雇用工人数量、年龄以及下一年是否退出市场的指示变量。参照聂辉华等(2012)的做法,本书工业增加值使用会计准则进行估算,即"工业增加值=实际产出-实际投入+增值税",其中,实际产出与实际投入采用部门产出指数和部门投入指数对产出和中间投入分别进行平减得到;资本存量通过工业企业数据库报告的固定资产原值账面价值计算得出,由于固定资产原值是在不同年份固定资产购买的积累,因此不能简单地利用某一特定年份价格指数进行平减。为得到实际固定资产原值,需要将历年固定资产购买根据当年价格指数进行平减,但问题是数据中并无固定资产购买所对应的年份,有鉴于此,本书在参照布兰特等

---

①　企业数量从 1998 年 165 118 家增加到 2007 年 336 768 家。

(2012)方法的基础上采用永续盘存法估算得到实际资本存量。企业年龄根据工业企业数据中企业建立年份和样本观测年识别得出。企业下一年是否退出市场的指示变量则根据亚瑟和拉齐博尔斯基(Yasar and Raciborski，2008)建议的方法得出，即对每个企业生成年份的前推一期的变量，如果前推一期的年份变量减去原始年份变量不等于1，那么说明该企业退出市场，否则没有退出。

二、企业全要素生产率测算

企业全要素生产率无法在数据中直接观测到，需要进行估计。已有文献中获取微观企业全要素生产率的方法主要有：选取劳动生产率直接度量企业效率；运用最小二乘(OLS)和面板固定效应模型(FE)等参数化方法来估算；利用奥利和派克斯(1996)以及莱文森和佩特兰(2003)所提出的半参数方法来估计。

就前述方法而言，选取劳动生产率直接度量企业效率忽略了资本要素，因此无法准确刻画企业全要素生产率；采用 OLS 与面板固定效应模型(FE)来估算微观企业全要素生产率可能存在"联立性"和"样本选择"问题，进而导致参数估计出现偏误。"联立性"问题产生是由于企业全要素生产率与要素投入存在相关关系，即可能存在企业投入与不可观测生产效率冲击相关，企业根据生产效率冲击对投入进行调整的情形。"样本选择"问题的产生是由于企业生存概率与获利能力正相关，而企业获利能力又与其所拥有的资本量相关。奥利和派克斯(1996)采用投资作为不可观测生产率冲击的代理变量来缓解"联立性"偏误，并且通过在回归模型中控制企业的生存概率来处理"样本选择"问题。基于以上分析，本章采用 OP 方法[①]作为估算企业效率的主要手段。具体地说，假设如下形式的估计函数：

$$y_{it} = \beta_0 + \beta_l l_{it} + \beta_k k_{it} + \beta_a a_{it} + \Omega_{it} + \mu_{it} \qquad (3-23)$$

其中，y_{it} 是企业 i 在 t 期实际产出的对数值，l_{it}、k_{it} 以及 a_{it} 分别代表企业

---

① 奥利和派克斯(Olley and Pakes，1996)所提出的方法，简称 OP 方法。

i 在 t 期雇用的工人数量对数值、投入的资本数量对数值以及企业年龄。Ω_{it} 代表企业 i 在 t 时期面临的不可观测技术冲击。μ_{it} 是随机扰动项。注意到如果忽略不可观测的技术冲击 Ω_{it},将会产生"联立性"问题。为了处理这一问题,奥利和派克斯(1996)假设在 t 期,企业 i 基于 k_{it}、a_{it} 以及 Ω_{it} 做出投资决策 I_{it}。此外,假设 I_{it} 是 Ω_{it} 的单调增函数:

$$I_{it} = I(k_{it}, a_{it}, \Omega_{it}) \qquad (3-24)$$

$$\frac{\partial I_{it}}{\partial \Omega_{it}} \geqslant 0 \qquad (3-25)$$

由于 I_{it} 是 Ω_{it} 的单调增函数,不可观测的技术冲击 Ω_{it} 可以写为投资 I_{it} 的逆函数:

$$\Omega_{it} = I^{-1}(I_{it}, k_{it}, a_{it}) = h(I_{it}, k_{it}, a_{it}) \qquad (3-26)$$

将式(3-26)代入到式(3-23)可得:

$$y_{it} = \beta_0 + \beta_l l_{it} + \beta_k k_{it} + \beta_a a_{it} + h(I_{it}, k_{it}, a_{it}) + \mu_{it} \qquad (3-27)$$

如果用二阶多项式对 $h(I_{it}, k_{it}, a_{it})$ 进行近似,β_0 和 β_l 能够被一致地估计。然而,k_{it} 和 a_{it} 的系数不能被识别。按照奥利和派克斯(1996)的做法,假设在每期的期初,在位企业要做继续生产或退出市场的决策。给定企业的资本 k_{it} 和年龄 a_{it},企业决策(由 χ_{it} 表示)是由技术冲击 Ω_{it} 和它的阈值 $\underline{\Omega}_{it}$ 决定[①],即:

$$\chi_{it} = \begin{cases} 1 & \Omega_{it} \geqslant \underline{\Omega}_{it} \\ 0 & \text{其他} \end{cases} \qquad (3-28)$$

其中,$\chi_{it} = 1$ 代表企业将继续留在市场,$\chi_{it} = 0$ 代表企业将退出市场。Ω_{it} 服从一阶马尔科夫过程[②],因此企业的生存概率 P_{it} 是 Ω_{it-1} 和 $\underline{\Omega}_{it-1}$ 的函数,从而

---

① 这一阈值的确定参见 Olley and Pakes(1996)。

② 马尔科夫过程是指,一旦给定变量的当期数值,包括该变量历史信息在内的其他信息对该变量下一期的取值没有预测作用。

是 I_{it-1}，k_{it-1} 和 a_{it-1} 的函数。若用 $\phi(I_{it},k_{it},a_{it})$ 表示 $\beta_k k_{it}+\beta_a a_{it}+h(I_{it},k_{it},a_{it})$，新的估计的方程可写为：

$$y_{it}-\hat{\beta}_0-\hat{\beta}_l l_{it}=\beta_k k_{it}+\beta_a a_{it}+g(\hat{\phi}_{t-1}-\beta_k k_{it-1}-\beta_a a_{it-1},\hat{P}_{it})+\mu_{it}$$

$$(3-29)$$

其中，$\hat{P}_{it}$ 是用普罗比(Probit)方法[①]得出的企业生存概率的估计值，$\hat{\beta}_0$ 和 $\hat{\beta}_l$ 为式(3-27)中 β_0 和 β_l 的估计值。用二阶多项式近似函数 g(•)，资本 k_{it} 和年龄 a_{it} 的系数将能够被一致地估计。

图 3-1 报告了采用 OP 方法估算的企业全要素生产率变化趋势图。从图中不难发现以下事实：首先，1998—2007 年间中国企业全要素生产率持续增长；其次，全要素生产率在不同性质企业间存在显著异质性，具体而言，与谢长泰和克莱诺(2009)、聂辉华和贾瑞雪(2011)、宋铮等人(Song et al.，2011)、布兰特等人(2012)以及陈诗一(2017)等研究一致，图 3-1 子图 2 显示，国有企业全要素生产率整体低于非国有企业；与 Melitz(2003)一致，图 3-1 子图 3 显示，内销企业全要素生产率小于出口企业；图 3-1 子图 4 显示，2004 年以前内陆中西部企业全要素生产率小于东部沿海企业；最后，不同性质企业间全要素生产率的差距在不断缩小。国有与非国有企业间全要素生产率差异缩小的一个可能的解释是，始于 20 世纪 90 年代后期的国有企业"抓大放小"改革战略的实施，[②]为国有企业效率提升创造了条件(Hsieh and Song，2015)；内销与出口企

---

① 普罗比(Probit)方法是计量经济学离散选择模型的一种，该方法假设离散选择模型中的误差项服从正态分布。

② 1995 年 9 月中共中央十四届五中全会通过的《中共中央关于制定国民经济和社会发展"九五"计划和 2010 年远景目标的建议》。在"抓大"方面，以现代企业制度为规范，对经济效益好、实力强、资产负债率合理、有前途的重要企业实行大企业、大集团战略，促进其壮大；对经济效益较好、实力强、资产负债率较高、生产正常的企业，要加强管理，加强技改力度，增资减债，创造有利条件使其进入市场公平竞争；对经济效益差、资产负债率高、经营困难，但又是经济中非常重要的行业，要综合治理，给予必要的扶持；"放小"方面，国家有关部门出台了关于放开搞活国有小型企业的意见，各地采取了改组、联合、兼并、股份合作制、租赁、承包经营和出售等多种形式，把一大批小企业直接推向市场。

业间全要素生产率差异缩小的一个可能的解释是，贸易自由化促进了内销企业全要素生产率的提升，特别是 2001 年加入 WTO 显著加快了中国企业效率提升的速度(Lu and Yu, 2015;简泽等,2014)。

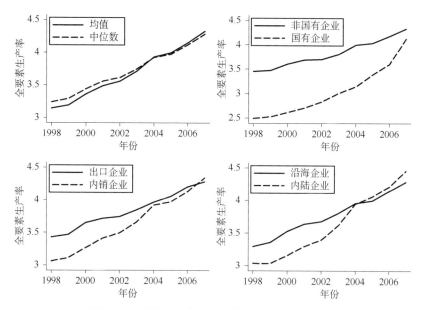

图 3-1　中国企业全要素生产率随时间变化趋势

注:使用 OP 方法测算。

第四节　中国资源配置效率典型事实分析

企业层面全要素生产率持续增长并不必然意味着资源配置效率的同步提高。基于这一认识,本节旨在在前文测算企业全要素生产率的基础上,同时结合理论分析框架所推导出的主要结论对中国资源配置效率典型事实进行分析考察,以期为下文的研究分析提供基准和参照。结合前文式(3-8)与式(3-9)不难发现,企业要素边际名义产出与其所面临的市场扭曲存在一一对应的正相关关系,因此可以运用企业要素边际产出识别企业所面临的市场扭曲,即企业要素边际名义产出越高,所面临的市场扭曲越大。图3-2选取资本要素边际名义产出(MRPK)与劳动要素边际名义产出(MRPL)分别度量企业所面临的资本市场扭曲和劳动市场扭曲,绘制了资本市场扭曲、劳动市场扭曲与企业全要素生产率的散点图。观察图形不难发现,效率越高的企业所面临的要素市场扭曲越大,这意味着与低效率企业相比较,高效率企业受到较大限制而未得到全面发展,换而言之,图3-2清晰地表明当前中国资源配置存在着较大的扭曲。

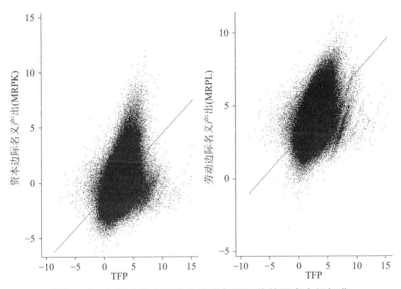

图3-2 中国企业全要素生产率与所面临的要素市场扭曲

以上采取企业全要素生产率与企业要素边际名义产出的相关关系初步刻画了中国资源配置效率状况。本节进一步通过企业全要素生产率离散程度来度量中国资源配置效率,尝试考察中国资源配置效率随时间演化的趋势特征,并探讨地区间、行业间的资源配置效率差异性。前文式(3-22)表明,加总全要素生产率与企业全要素生产率离散程度负相关,即企业全要素生产率的离散程度越大,资源配置效率越低。图3-3选取典型年份绘制了中国所有制造业企业去均值全要素生产率分布曲线图。从图形中可以清晰地看出,1998—2007年间制造业企业全要素生产率离散程度略有缩小但未有显著变化,换而言之,中国制造业资源配置效率并未明显提升。

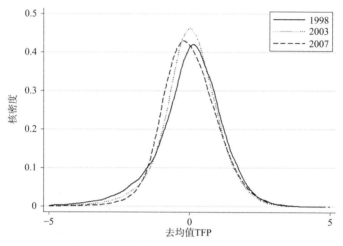

图3-3 中国制造业企业全要素生产率分布

一个众所周知的事实是,中国经济运行的一大特征是国有经济与非国有经济并行(陈诗一,2017)。除此之外,长久以来,特别是加入WTO后,企业出口是驱动中国经济发展的重要引擎。有鉴于此,图3-4进一步地将中国制造业企业划分为国有企业、非国有企业和出口企业、非出口企业,并相应地报告了不同类型企业全要素生产率分布,亦得到了与图3-3相类似的结论,即无论是国有企业与非国有企业,还是出口企业与非出口企业全要素生产率离散程度均未明显缩减,从而资源配置效率并未显著提升。

图3-3与图3-4从随时间演化趋势的视角刻画了中国资源配置效率状况。接下来,本书主要从地区差异的视角来探讨中国资源配置效率的典型事实。具体地,本书以省为单位计算出企业全要素生产率标准差,并采用标准化的企业

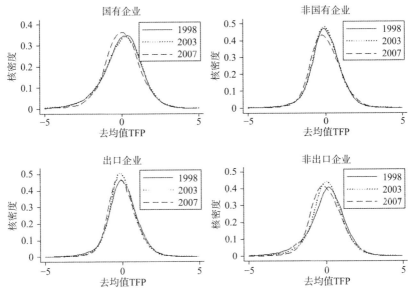

图 3-4　中国不同类型制造业企业全要素生产率分布

全要素生产率标准差来度量该省的资源配置扭曲程度。表 3-2 显示了各省份资源配置扭曲程度以及相应的资源配置效率排名。观察表 3-2 可知,中国资源配置扭曲程度大体呈现"东低西高"的特征。特别是,浙江、江苏、福建、广东和上海等东部沿海发达地区的资源配置扭曲程度显著低于甘肃.贵州、广西和西藏等西部欠发达地区。这一结果也进一步支持了文献所普遍强调的资源配置效率差异是解释国家和地区之间经济发展差别的重要因素之一(Banerjee and Duflo,2005;Hsieh and Klenow,2009;Hopenhayn,2014)。另外,值得指出的是,表 3-2 显示北京、天津这两个发达地区资源配置效率较低,究其原因可能在于测量误差的存在低估了北京和天津的资源配置效率。具体来说,前述度量资源配置效率的框架假设资本产出弹性和劳动产出弹性在不同地区或者行业间不存在差异;另一可能的解释在于,前述理论框架只是考虑了资本和劳动投入,忽略了类似于能源这样的重要要素投入,从而使得测算结果出现了偏差。

表 3 - 2　中国各地资源配置扭曲程度

	地方代码	资源错配程度	资源配置效率排名
浙江	33	1.00	1
江苏	32	1.28	2
福建	35	1.30	3
广东	44	1.33	4
上海	31	1.35	5
安徽	34	1.44	6
重庆	50	1.46	7
山东	37	1.48	8
湖北	42	1.55	9
四川	51	1.58	10
辽宁	21	1.59	11
湖南	43	1.60	12
河南	41	1.62	13
山西	14	1.63	14
宁夏	64	1.63	15
河北	13	1.66	16
内蒙古	15	1.67	17
云南	53	1.68	18
新疆	65	1.69	19
北京	11	1.72	20
江西	36	1.73	21
黑龙江	23	1.75	22
陕西	61	1.76	23
吉林	22	1.76	24
甘肃	62	1.80	25
贵州	52	1.83	26
广西	45	1.84	27
西藏	54	1.94	28
天津	12	1.96	29
海南	46	2.01	30

注：由于青海省能够用以测度资源配置效率的企业数据样本过少，因此未测算该省具体数值。

第四章　中国资源配置效率
——纳入能源要素的新视角

第一节　问题的提出

一、引言

如前所述,关于不同国家与地区之间为何呈现差异性增长,现有文献多侧重了从全要素生产率视角进行阐释,并指出异质性的技术水平与扩散速率是导致全要素生产率差异的根源所在。然而,雷斯图卡和罗杰森(2008)指出,资源如何在不同经济主体间配置亦是影响全要素生产率的关键因素。自谢长泰和克莱诺(2009)的研究问世以来,资源配置效率不仅受到学界的广泛关注,更是因其重要性受到政策制定者的青睐。特别是,近年来中国经济逐步迈入"新常态"阶段,经济增速下降的同时,伴随着产能过剩、产业结构亟需转型升级等重大经济问题。2015年12月,中央经济工作会议明确强调:"要加大结构性改革力度,矫正要素配置扭曲,扩大有效供给,提高供给结构的适应性和灵活性,提高全要素生产率。"为确保经济改革的有效性,下述三个基本问题需要事先得到回答:第一,中国经济增长进程中资源配置效率动态演化特征及地区差异?第二,地区间以及部门间的资源扭曲对总扭曲的贡献度如何?第三,不同投入要素扭曲分别在多大程度上降低了中国整体资源配置效率?尤其是,2008年金融危机的爆发对上述问题是否存在显著影响。[①]

[①] 事实上,资源配置效率与资源配置扭曲是一个问题的两个方面,下文将根据表述的方便性交叉运用这两个术语。

二、已有文献不足评述

针对上述问题,现有文献进行了有益的研究。谢长泰和克莱诺(2009)发现,资本和劳动要素在企业之间实现有效配置的前提条件下,1999—2005年间中国制造业全要素生产率可以提高30%～50%。布兰特等人(2013)在谢长泰和克莱诺的框架内纳入国有与非国有部门,其研究结果表明,资源配置扭曲导致中国全要素生产率在1985—2005年间年均下降30%。龚关和胡关亮(2013)进一步突破了谢长泰和克莱诺生产函数规模报酬不变的限制,采用工业企业数据库考察了中国1998—2007年制造业资源配置效率,其研究结果显示,资本和劳动要素配置效率的改善分别促使全要素生产率提高了10.1%和7.3%。事实上,相对于前述文献,资源配置扭曲还存在更加宽泛的测度。盖庆恩等人(2015)基于1998—2007年中国工业企业数据库,除了考察资本与劳动力市场扭曲外,还综合考虑了产品市场扭曲(垄断势力)。孙元元和张建清(2015)以班纳吉和摩尔(2010)所界定的二元边际("集约边际"与"广延边际")为切入点[①],对1998—2007年间中国制造业省际间的资源配置效率演化进行了考察发现,研究样本期间"集约边际"下的资源配置效率有所改善,而"广延边际"下的资源配置效率逐渐恶化。

通过梳理相关文献不难发现,虽然现有研究对中国资源配置效率进行了深入细致的分析,然而研究样本区间多截止于2007年,从而无法对2008年金融危机后、特别是当前"新常态"下中国资源配置效率的动态演化特征进行系统研究和定量分析。事实上,金融危机的冲击以及随之而来的4万亿投资计划的启动,势必对中国经济资源配置的方式及效率造成影响。[②]

更为重要的是,现有文献对资源配置效率的研究基本只基于传统的资本和

---

① "集约边际"维度上的资源配置扭曲指的是通常意义上的资源误配,即投入要素未能在不同的经济主体间有效地配置;而"广延边际"维度上的资源配置扭曲的产生是由于效率较高的经济主体因市场摩擦而无法进入市场。

② 虽然郝大明(2015)研究样本区间较长(1978—2014)且涵盖了金融危机后6年的时间,然而作者关注的只是劳动要素的配置效率,并未涉及本书所探讨的资本与能源要素配置效率。

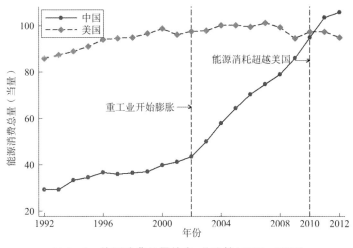

图 4-1　能源消费总量的中、美比较(1992—2012)

劳动要素,鲜有将能源这一重要投入要素纳入研究框架。众所周知,中国经济长期以来的高增长伴随着能源消耗的持续飙升,能源要素对产出的影响巨大(陈诗一,2010)。自 2003 年以来,中国能源消耗迅猛增长,并于 2010 年超越美国成为全球第一大能源消费国,充分彰显了能源要素对其经济发展的重要作用(图 4-1)。同时,比较主要投入要素的趋势性特征可知,尽管 1998—2013 年间能源要素的增长势头逊于资本要素,但是却显著高于劳动要素(图 4-2)。此外,较于资本和劳动,能源消耗对 2008 年金融危机的冲击并不敏感(图 4-2 阴影部分),即中国经济发展的能源需求具有较强刚性。上述种种典型事实表明,能源要素已然成为考察中国资源配置效率不可或缺的因素。如果忽略能源要素,中国资源配置效率的测算结果精确度有限,进而与之相应的经济政策将存在偏差,不利于甚至是抑制经济增长。

　　另外,为简化分析,已有考察资源配置效率的文献基本上假定生产函数具有规模报酬不变的特性(Hsieh and Klenow,2009;Brandt et al.,2013;孙元元和张建清,2015;张天华和张少华,2016),然而这一假定并未得到经验研究的一

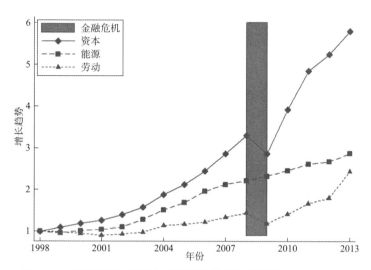

图4-2　中国主要生产投入要素变化的趋势性特征(1998—2013)

注:将1998年数值标准化为1。

致支持。相反,越来越多的文献发现生产函数具有规模报酬递减的证据。有鉴于此,本书进一步突破了现有文献关于生产函数规模报酬不变的限定。为更加清晰地看出本书与已有相关文献的异同,表4-1对主要相关文献进行了梳理。观察表4-1可以发现,本书不同于已有文献的主要特点有:将能源要素引入分析框架,把研究样本尽可能地拓展至金融危机后的最新时点以及采用更为契合现实的生产函数规模报酬递减假定。[①]

三、本章研究创新

能源作为主要的生产要素之一,如何恰当地将其纳入研究框架对于测度中国资源配置效率尤为关键。考虑到中国不同地区之间的经济发展不平衡,将经济以地区(省、市)为单位进行划分是将能源要素纳入资源配置效率研究框架的一个自然而直接的设定。另外,由于高、低能耗部门能源要素配给的差异最为

[①] 虽然龚关和胡关亮(2013)突破了生产函数规模报酬不变的限制,细致地考察了中国资源配置效率问题,然而该文未能将能源要素纳入分析,也没有把研究区间拓展至金融危机之后。

表 4 - 1　资源配置效率相关文献的梳理

文献	生产投入要素	研究样本区间	生产函数规模报酬
谢长泰和克莱诺(2009)	资本、劳动	1998—2007	不变
布兰特等(2013)	资本、劳动	1985—2007	不变
龚关和胡关亮(2013)	资本、劳动	1998—2007	递减
郝大明(2015)	劳动	1978—2014	—
孙元元和张建清(2015)	资本、劳动	1998—2007	不变
盖庆恩等(2015)	资本、劳动	1998—2007	不变
张天华和张少华(2016)	资本、劳动	1998—2007	不变
本研究	资本、劳动、能源	1998—2013	递减

显著,从而能够最大程度上刻画能源要素对资源配置效率的影响,因此本章根据各个行业能耗的高低,将地区进一步划分为高低能耗部门。由此可见,在本章的研究框架中,各类生产投入要素是跨地区(省、市)、跨部门(高、低耗能部门)配置的。如下文即将看到的那样,将能源要素纳入资源效率配置的研究框架增加了模型求解的难度,除此之外的难点与挑战来自数据层面。根据模型的设定,本章所需的数据结构为跨地区、跨部门形式,然而目前已有数据要么是地区层面的,要么是行业层面的,还鲜见跨地区、跨行业长时序相对连续完整的投入产出面板数据,涵盖金融危机前后足够长时间区间的该类数据更是没有。为使本书研究成为可能,本书基于 1998—2013 年中国工业企业微观数据库与价格指数、能源消耗等变量的合并数据,同时结合已有相关官方报告数据,构建了随地区(省、市)-部门(高、低耗能部门)-时间(1998—2013 年)变化的三维投入产出面板数据,其中主要包括工业总产值、工业增加值、资本存量、从业人数以及能源消耗等核心投入产出变量。

结合前述文献评述,区别于以往研究,本章在如下几方面有所创新:(1)为更加准确合理地刻画中国经济资源配置效率动态演化特征,本书将能源这一重要投入要素创新性地纳入已有研究框架,在边际上拓宽了相关研究的界限。与此同时,还进一步突破了既有考察资源配置效率文献生产函数规模报酬不变的限定;(2)构建了随地区、部门、时间这三个维度变化的投入产出面板数据,把研究样本区间延长至金融危机之后6年,使得对金融危机以后乃至"新常态"阶段的中国资源配置效率进行探讨成为可能;(3)结合下文,为更清晰地探究中国资源配置效率不高的成因,基于"反事实"框架综合考察了地区和部门以及资本要素、劳动要素、产品市场特别是能源要素扭曲对总扭曲贡献的动态演化特征;(4)从研究结果上来看,与大部分已有文献中发现中国资源配置效率有所改善不同,本章的结果揭示,考虑能源投入要素后,中国资源配置效率并未出现显著改善迹象。

第二节 中国部门间与地区间资源配置效率特征事实

本节主要对中国资源配置效率的特征事实进行简要介绍,以期为下文的分析提供参照。谢长泰和克莱诺(2009)、布兰特等人(2013)以及吉尔克里斯特等人(Gilchrist et al.,2013)指出,在资源最有效率配置的情形下,不同经济主体间的要素比例应相同或相似。然而就中国的情形而言,无论是部门间(高、低耗能部门)的要素比例差异,还是地区间(省、市)要素比例差异,均较为明显,而且2008年金融危机后,这种差异更加显著。

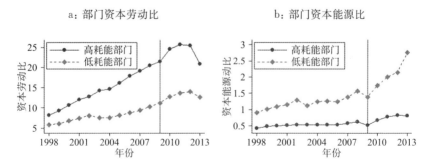

c：地区资本劳动比　　　　　　　　d：地区资本能源比

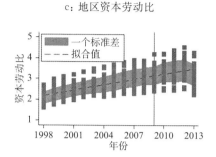 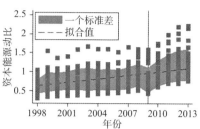

图4-3　中国部门间与地区间投入要素比的差异(1998—2013)

图4-3a与图4-3b绘制了高、低能耗部门资本劳动比与资本能源比变化的曲线图。图形初步刻画了1998—2013年间中国部门间的资源配置状况。从横向上看，部门间要素比例差异十分明显：平均而言，高能耗部门的资本劳动比是低耗部门的2倍左右；低能耗部门的资本能源比为高耗能部门的2.5倍。从纵向时间趋势上看，虽然2012年与2013年部门间资本劳动比的差距小幅收窄(图4-3a)，但是整体而言，部门间要素比的差距持续扩大，对资源最有效率配置情形的偏离度从而也在增加，尤其是，在金融危机期间，资本能源比的差距甚至还出现了强势跳跃(图4-3b)

以上通过图4-3a与图4-3b对部门间的资源配置效率进行了初步的探讨，那么地区间的情形又如何呢？为回答这一问题，图4-3c与图4-3d绘制了不同省份资本劳动比与资本能源比的散点图。观察图形阴影部分的宽度(代表地区间要素比的标准差)可以发现，在研究样本区间内，地区间资本劳动比与资本能源比的离散程度较大，而且随着时间的推移不断增加。这说明，与部门之间资源配置特点相类似，地区之间资源配置对最优资源配置情形的偏离亦较为明显，而且偏离程度还在不断加深。此外，以金融危机为界，图4-3c与图4-3d表明，金融危机后(除了2012年与2013年之外)，地区间资本劳动比与资本能源比的离散程度明显高于金融危机之前。综上所述，可以大致推知：一方面中国资源配置存在着相对较大的扭曲，另一方面资源配置效率似乎并未有明显的改善,金融危机期间及金融危机之后的资源配置状况甚至还存在着恶化的可能性,但是"新常态"阶段则可能迎来转机。

虽然多数已有文献采用不同经济主体要素比例是否相同作为资源配置效率的度量指标,然而此做法的隐含假设是,不同经济主体的要素份额相同,而它可能是一个相对较强的假设。基于这一认识,本章还进一步通过采用要素边际产出离散程度来反映中国资源配置状况的典型事实。图4-4绘制了资本、劳动、能源边际产出(MPRK、MPRL、MPRE)离散程度变化趋势图,初步刻画了中国1998—2013年间资源配置效率状况动态演化情景。由于要素边际产出的离散程度与资源配置效率负相关,因此与图4-3结果类似,根据图4-4可以推知,1998—2013年间中国资源配置状况未出现明显改观,特别是2002年左右重工业开始膨胀以及2008年爆发并于2009年集中显现的金融危机均有可能加剧中国资源错配程度,然而经济进入"新常态"阶段以来,中国资源扭曲程度可能迎来改观。当然,图4-3与图4-4所呈现的结果只是初步的典型事实分析,

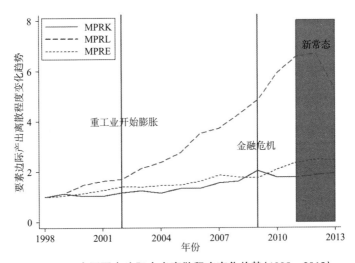

图4-4 中国要素边际产出离散程度变化趋势(1998—2013)

注:离散程度采用标准差表示,MPRK、MPRL与MPRE分别表示资本、劳动和能源要素边际产出;将1998年数值标准化为1。

旨在从直观上理解中国资源配置状况,为下文理论分析提供有益的参照。对中国资源配置效率动态演化及分解的定量分析,特别是考察能源要素在其中所起的作用,还需借助更为严谨的理论框架。

<h2>第三节　模型设定与求解</h2>

如前所述,第二节的典型事实分析为窥探中国资源配置效率动态演化提供了有益的参考,但却只是非常初步的定性分析。对中国资源配置效率动态演化及分解的定量分析,特别是考察能源要素在其中所起的作用,还需借助于更为严谨、规范的理论框架。为此,本章在布兰特等人(2013)建模思路的基础上,创新性地将能源这一重要生产投入要素引入现有研究框架,能源要素的引入也是本章理论模型设定不同于已有文献的一大特色。另外,如前所述,越来越多的经验研究发现生产函数规模报酬递减的证据。基于此,本章将能源要素引入现有理论框架的同时,还进一步突破了已有相关文献生产函数规模报酬不变的限定,从而能够更好地阐释中国资源配置效率动态演化特征。

<h3>一、生产函数</h3>

假设 i 地区 j 部门的生产函数具有如下柯布-道格拉斯形式:

$$Y_{ij} = A_{ij}^{1-\eta}(K_{ij}^{\alpha_i}L_{ij}^{\beta_i}E_{ij}^{1-\alpha_i-\beta_i})^{\eta} \tag{4-1}$$

其中,$0<\eta<1$ 刻画了生产函数规模报酬递减的程度。$i\in\{1, 2\cdots, N\}$ 代表地区(省、市),$j\in\{h, l\}$ 代表部门(高、低能耗部门)。Y_{ij} 表示 i 地区 j 部门的产出,A_{ij}、K_{ij}、L_{ij} 以及 E_{ij} 分别代表 i 地区 j 部门的全要素生产率、资本、劳动以及能源投入。α_i 与 β_i 分别表示地区 i 的资本产出弹性和劳动产出弹性。式(4-1)所设定的生产函数不同于已有文献的特点是,纳入了能源要素,同时还进一步将规模报酬递减特征引入模型。

i 地区的生产函数具有如下 CES 形式:

$$Y_i = (Y_{ih}^{1-\sigma} + Y_{il}^{1-\sigma})^{\frac{1}{1-\sigma}} \tag{4-2}$$

其中,Y_i 表示 i 地区的总产出,Y_{ih} 与 Y_{il} 分别代表该地区高、低能耗部门的产出。σ 为 i 地区不同部门之间的产出替代弹性。

进一步将地区产出按照 CES 形式加总,得到如下国家层面的生产函数:

$$Y = \left(\sum_{i=1}^{N} Y_i^{1-\theta}\right)^{\frac{1}{1-\theta}} \tag{4-3}$$

其中,Y 为国家层面的总产出,θ 表示不同地区之间的产出替代弹性,N 是地区数量。

二、经济主体的优化问题与市场出清条件

生产总产出 Y 的优化问题可以表述为:

$$\underset{Y_i}{Max}\left\{P\left(\sum_{i=1}^{N} Y_i^{1-\theta}\right)^{\frac{1}{1-\theta}} - \sum_{i=1}^{N}(1+\tau_{iy})P_iY_i\right\} \tag{4-4}$$

其中,P 代表整体价格水平,P_i 代表 i 地区的价格水平,τ_{iy} 度量 i 地区产品市场扭曲程度。

式(4-4)对 Y_i 求解一阶优化条件,并整理可得:

$$Y_i = \left[\frac{(1+\tau_{iy})P_i}{P}\right]^{-\frac{1}{\theta}}Y \tag{4-5}$$

将式(4-5)代入式(4-4),并结合"零利润条件"可得:

$$P = \left(\sum_{i=1}^{N}\left[(1+\tau_{iy})P_i\right]^{\frac{\theta-1}{\theta}}\right)^{\frac{\theta}{\theta-1}} \tag{4-6}$$

生产 i 地区产出 Y_i 的优化问题可表述为:

$$\underset{Y_{ih},Y_{il}}{Max}\left\{P(Y_{ih}^{1-\sigma} + Y_{il}^{1-\sigma})^{\frac{1}{1-\sigma}} - P_{ih}Y_{ih} - P_{il}Y_{il}\right\} \tag{4-7}$$

如前,Y_{ih} 与 Y_{il} 分别代表 i 地区高、低能耗部门的产出;P_{ih}、P_{il} 为 i 地区高、低能耗部门的价格水平。式(4-7)分别对 Y_{ih}、Y_{il} 求解一阶优化条件,并整理可得:

$$Y_{ih} = \left(\frac{P_{ih}}{P_i}\right)^{-\frac{1}{\sigma}} Y_i \quad Y_{il} = \left(\frac{P_{il}}{P_i}\right)^{-\frac{1}{\sigma}} Y_i \tag{4-8}$$

生产 i 地区 j 部门产出 Y_{ij} 的优化问题为：

$$\underset{K_{ij},\,L_{ij},\,E_{ij}}{Max} \{P_{ij}Y_{ij} - (1+\tau_{ijk})rK_{ij} - (1+\tau_{ijl})wL_{ij} - (1+\tau_{ije})\rho E_{ij}\}$$

$$\tag{4-9}$$

其中，r、w 与 ρ 分别表示资本、劳动以及能源的价格，τ_{ijk}、τ_{ijl} 和 τ_{ije} 分别度量 i 地区 j 部门资本市场、劳动市场与能源市场的扭曲程度。式（4 - 9）分别对 K_{ij}、L_{ij}、E_{ij} 求解一阶优化条件，并整理可得：

$$MRPK_{ij} = \eta\alpha_i P_{ij} A_{ij}^{1-\eta} K_{ij}^{\alpha_i\eta-1} L_{ij}^{\beta_i\eta} E_{ij}^{(1-\alpha_i-\beta_i)\eta} = (1+\tau_{ijk})r \tag{4-10}$$

$$MRPL_{ij} = \eta\beta_i P_{ij} A_{ij}^{1-\eta} K_{ij}^{\alpha_i\eta} L_{ij}^{\beta_i\eta-1} E_{ij}^{(1-\alpha_i-\beta_i)\eta} = (1+\tau_{ijl})w \tag{4-11}$$

$$MRPE_{ij} = \eta(1-\alpha_i-\beta_i) P_{ij} A_{ij}^{1-\eta} K_{ij}^{\alpha_i\eta} L_{ij}^{\beta_i\eta} E_{ij}^{(1-\alpha_i-\beta_i)\eta-1} = (1+\tau_{ije})\rho$$

$$\tag{4-12}$$

由于能源要素的引入，市场出清条件除了刻画资本市场与劳动市场出清以外，还需进一步考虑能源市场出清。若采用 K、L、E 分别代表经济中的总资本、总劳动与总能源，那么模型的市场出清条件为：

$$K_i = K_{ih} + K_{il} \quad \sum_{i=1}^{N} K_i = K \tag{4-13}$$

$$L_i = L_{ih} + L_{il} \quad \sum_{i=1}^{N} L_i = L \tag{4-14}$$

$$E_i = E_{ih} + E_{il} \quad \sum_{i=1}^{N} E_i = E \tag{4-15}$$

三、均衡要素配给与加总全要素生产率

1. 识别扭曲 τ_{iy}、τ_{ijk}、τ_{ijl} 与 τ_{ije}

计算均衡要素配给与加总全要素生产率，需要首先识别扭曲 τ_{iy}、τ_{ijk}、τ_{ijl}

和 τ_{ije}。其中，产品市场扭曲 τ_{iy} 根据式(4-5)识别得出：

$$1 + \tau_{iy} \propto \frac{PY^{\theta}}{P_i Y_i^{\theta}} \qquad (4-16)$$

资本要素扭曲 τ_{ijk}、劳动要素扭曲 τ_{ijl} 以及能源要素扭曲 τ_{ije} 依次根据式(4-10)、式(4-11)与式(4-12)识别得到：

$$1 + \tau_{ijk} \propto \frac{P_{ij} Y_{ij}}{K_{ij}} \qquad (4-17)$$

$$1 + \tau_{ijl} \propto \frac{P_{ij} Y_{ij}}{L_{ij}} \qquad (4-18)$$

$$1 + \tau_{ije} \propto \frac{P_{ij} Y_{ij}}{E_{ij}} \qquad (4-19)$$

2. 均衡要素配给

给定 τ_{iy}、τ_{ijk}、τ_{ijl} 与 τ_{ije}，均衡要素配给 $\frac{K_{ih}^*}{K_i^*}$、$\frac{K_{il}^*}{K_i^*}$、$\frac{L_{ih}^*}{L_i^*}$、$\frac{L_{il}^*}{L_i^*}$、$\frac{E_{ih}^*}{E_i^*}$、$\frac{E_{il}^*}{E_i^*}$ 以及 $\frac{K_i^*}{K^*}$、$\frac{L_i^*}{L^*}$ 与 $\frac{E_i^*}{E^*}$ 满足式(4-5)、式(4-8)以及式(4-10)—式(4-15)。

接下来，以能源要素为例，推导均衡要素配给的表达式。整理式(4-10)、式(4-11)以及式(4-12)可得：

$$\frac{K_{ij}}{E_{ij}} = \left[\frac{(1+\tau_{ije})\rho}{(1-\alpha_i-\beta_i)\eta} \right] \left[\frac{(1+\tau_{ijk})r}{\alpha_i\eta} \right]^{-1} \qquad (4-20)$$

$$\frac{L_{ij}}{E_{ij}} = \left[\frac{(1+\tau_{ije})\rho}{(1-\alpha_i-\beta_i)\eta} \right] \left[\frac{(1+\tau_{ijl})w}{\beta_i\eta} \right]^{-1} \qquad (4-21)$$

将式(4-20)和式(4-21)代入式(4-1)得：

$$Y_{ij} = \left[\left(\frac{\rho}{(1-\alpha_i-\beta_i)\eta} \right)^{(\alpha_i+\beta_i)\eta} \left(\frac{r}{\alpha_i\eta} \right)^{-\alpha_i\eta} \left(\frac{w}{\beta_i\eta} \right)^{-\beta_i\eta} \right]$$

$$\left[A_{ij}^{1-\eta} (1+\tau_{ije})^{(\alpha_i+\beta_i)\eta} (1+\tau_{ijk})^{-\alpha_i\eta} (1+\tau_{ijl})^{-\beta_i\eta} \right] E_{ij}^{\eta} \qquad (4-22)$$

把式(4-22)进一步代入式(4-2)得到：

$$Y_i = \left[\left(\frac{\rho}{(1-\alpha_i-\beta_i)\eta}\right)^{(\alpha_i+\beta_i)\eta}\left(\frac{r}{\alpha_i\eta}\right)^{-\alpha_i\eta}\left(\frac{w}{\beta_i\eta}\right)^{-\beta_i\eta}\right]\left[\sum_{j=h,l}A_{ij}^{1-\eta}(1+\tau_{ije})^{(\alpha_i+\beta_i)\eta}\right.$$

$$\left.(1+\tau_{ijk})^{-\alpha_i\eta}(1+\tau_{ijl})^{-\beta_i\eta}\left(\frac{E_{ij}}{E_i}\right)^{\eta}\right]^{\frac{1}{1-\sigma}}E_i^{\eta} \tag{4-23}$$

结合式(4-23)与式(4-8)可得：

$$\frac{Y_{ij}}{Y_i} = \frac{A_{ij}^{1-\eta}(1+\tau_{ije})^{(\alpha_i+\beta_i)\eta}(1+\tau_{ijk})^{-\alpha_i\eta}(1+\tau_{ijl})^{-\beta_i\eta}}{\left[\sum_{j=h,l}\left[A_{ih}^{1-\eta}(1+\tau_{ije})^{(\alpha_i+\beta_i)\eta}(1+\tau_{ijk})^{-\alpha_i\eta}(1+\tau_{ijl})^{-\beta_i\eta}(E_{ij}/E_i)^{\eta}\right]^{1-\sigma}\right]^{\frac{1}{1-\sigma}}}$$

$$\left(\frac{E_{ij}}{E_i}\right)^{\eta} = \left(\frac{P_{tt}}{P_i}\right)^{-\frac{1}{\sigma}} \tag{4-24}$$

将式(4-24)进一步结合能源市场出清条件式(4-15)可解出能源要素在地区 i 内的均衡配给表达式：

$$\frac{E_{ij}^*}{E_i^*} = \left(\frac{\left[A_{ij}^{1-\eta}(1+\tau_{ije})^{(\alpha_i+\beta_i)\eta}(1+\tau_{ijk})^{-\alpha_i\eta}(1+\tau_{ijl})^{-\beta_i\eta}(P_{ij})^{1/\sigma}\right]^{-1}}{\sum_{j=h,l}\left[A_{ij}^{1-\eta}(1+\tau_{ije})^{(\alpha_i+\beta_i)\eta}(1+\tau_{ijk})^{-\alpha_i\eta}(1+\tau_{ijl})^{-\beta_i\eta}(P_{ij})^{1/\sigma}\right]^{-1}}\right)^{\frac{1}{\eta}}$$

$$\tag{4-25}$$

采用类似的方法——将 Y_i 的表达式(4-23)式代入式(4-3)，在此基础上结合式(4-5)与能源市场出清条件式(4-15)——可以求得能源要素在地区间的均衡配给表达式：

$$\frac{E_i^*}{E^*} = \frac{\left[\left[\sum_{j=h,l}\left[A_{ij}^{1-\eta}(1+\tau_{ije})^{(\alpha_i+\beta_i)\eta}(1+\tau_{ijk})^{-\alpha_i\eta}(1+\tau_{ijl})^{-\beta_i\eta}\left(\frac{E_{ij}^*}{E_i^*}\right)^{\eta}\right]^{1-\sigma}\right]^{\frac{1}{1-\sigma}}(1+\tau_{iy})P_i^{\frac{1}{\theta}}\right]^{-1}}{\sum_{i=1}^{N}\left[\left[\sum_{j=h,l}\left[A_{ij}^{1-\eta}(1+\tau_{ije})^{(\alpha_i+\beta_i)\eta}(1+\tau_{ijk})^{-\alpha_i\eta}(1+\tau_{ijl})^{-\beta_i\eta}\left(\frac{E_{ij}^*}{E_i^*}\right)^{\eta}\right]^{1-\sigma}\right]^{\frac{1}{1-\sigma}}(1+\tau_{iy})P_i^{\frac{1}{\theta}}\right]^{-1}}$$

$$\tag{4-26}$$

与前文求解 $\dfrac{E_{ij}^{*}}{E_i^{*}}$、$\dfrac{E_i^{*}}{E^{*}}$ 的过程类似,资本与劳动要素的均衡配给 $\dfrac{K_{ij}^{*}}{K_i^{*}}$、$\dfrac{K_i^{*}}{K^{*}}$、

$\dfrac{L_{ij}^{*}}{L_i^{*}}$ 与 $\dfrac{L_i^{*}}{L^{*}}$ 的表达式可以采用相同的步骤推导出来。具体为:

$$\frac{K_{ij}^{*}}{K_i^{*}}=\left(\frac{\left[A_{ij}^{1-\eta}(1+\tau_{ijk})^{(1-\alpha_i)\eta}(1+\tau_{ijl})^{-\beta_i\eta}(1+\tau_{ije})^{-(1-\alpha_i-\beta_i)\eta}(P_{ij})^{1/\sigma}\right]^{-1}}{\sum\limits_{j=h,l}\left[A_{ij}^{1-\eta}(1+\tau_{ijk})^{(1-\alpha_i)\eta}(1+\tau_{ijl})^{-\beta_i\eta}(1+\tau_{ije})^{-(1-\alpha_i-\beta_i)\eta}(P_{ij})^{1/\sigma}\right]^{-1}}\right)^{\frac{1}{\eta}}$$

$$(4-27)$$

$$\frac{K_i^{*}}{K^{*}}=\frac{\left[\left[\sum\limits_{j=h,l}\left[A_{ij}^{1-\eta}(1+\tau_{ijk})^{(1-\alpha_i)\eta}(1+\tau_{ijl})^{-\beta_i\eta}(1+\tau_{ije})^{-(1-\alpha_i-\beta_i)\eta}\left(\frac{K_{ij}^{*}}{K_i^{*}}\right)^{\eta}\right]^{1-\sigma}\right]^{\frac{1}{1-\sigma}}(1+\tau_{iy})P_i^{\frac{1}{\theta}}\right]^{-1}}{\sum\limits_{i=1}^{N}\left[\left[\sum\limits_{j=h,l}\left[A_{ij}^{1-\eta}(1+\tau_{ijk})^{(1-\alpha_i)\eta}(1+\tau_{ijl})^{-\beta_i\eta}(1+\tau_{ije})^{-(1-\alpha_i-\beta_i)\eta}\left(\frac{K_{ij}^{*}}{K_i^{*}}\right)^{\eta}\right]^{1-\sigma}\right]^{\frac{1}{1-\sigma}}(1+\tau_{iy})P_i^{\frac{1}{\theta}}\right]^{-1}}$$

$$(4-28)$$

$$\frac{L_{ij}^{*}}{L_i^{*}}=\left(\frac{\left[A_{ij}^{1-\eta}(1+\tau_{ijl})^{(1-\beta_i)\eta}(1+\tau_{ijk})^{-\alpha_i\eta}(1+\tau_{ije})^{-(1-\alpha_i-\beta_i)\eta}(P_{ij})^{1/\sigma}\right]^{-1}}{\sum\limits_{j=h,l}\left[A_{ij}^{1-\eta}(1+\tau_{ijl})^{(1-\beta_i)\eta}(1+\tau_{ijk})^{-\alpha_i\eta}(1+\tau_{ije})^{-(1-\alpha_i-\beta_i)\eta}(P_{ij})^{1/\sigma}\right]^{-1}}\right)^{\frac{1}{\eta}}$$

$$(4-29)$$

$$\frac{L_i^{*}}{L^{*}}=\frac{\left[\left[\sum\limits_{j=h,l}\left[A_{ij}^{1-\eta}(1+\tau_{ijl})^{(1-\beta_i)\eta}(1+\tau_{ijk})^{-\alpha_i\eta}(1+\tau_{ije})^{-(1-\alpha_i-\beta_i)\eta}\left(\frac{L_{ij}^{*}}{L_i^{*}}\right)^{\eta}\right]^{1-\sigma}\right]^{\frac{1}{1-\sigma}}(1+\tau_{iy})P_i^{\frac{1}{\theta}}\right]^{-1}}{\sum\limits_{i=1}^{N}\left[\left[\sum\limits_{j=h,l}\left[A_{ij}^{1-\eta}(1+\tau_{ijl})^{(1-\beta_i)\eta}(1+\tau_{ijk})^{-\alpha_i\eta}(1+\tau_{ije})^{-(1-\alpha_i-\beta_i)\eta}\left(\frac{L_{ij}^{*}}{L_i^{*}}\right)^{\eta}\right]^{1-\sigma}\right]^{\frac{1}{1-\sigma}}(1+\tau_{iy})P_i^{\frac{1}{\theta}}\right]^{-1}}$$

$$(4-30)$$

3. 加总全要素生产率

在推导出均衡要素配给的基础上,结合式(4-2)、式(4-3)即可求得地区层面和国家层面的加总全要素生产率。具体而言,i 地区的实际全要素生产率 A_i 与国家层面实际全要素生产率 A 分别表示为:

$$A_i = \left[\sum_{j=h,l} \left[A_{ij}^{1-\eta} \left(\frac{K_{ij}^*}{K_i^*} \right)^{\alpha_i \eta} \left(\frac{L_{ij}^*}{L_i^*} \right)^{\beta_i \eta} \left(\frac{E_{ij}^*}{E_i^*} \right)^{(1-\alpha_i-\beta_i)\eta} \right]^{1-\sigma} \right]^{\frac{1}{(1-\sigma)(1-\eta)}}$$

$$(4-31)$$

$$A = \left[\sum_{i=1}^{N} \left[A_i^{1-\eta} \left(\frac{K_i^*}{K^*} \right)^{\alpha_i \eta} \left(\frac{L_i^*}{L^*} \right)^{\beta_i \eta} \left(\frac{E_i^*}{E^*} \right)^{(1-\alpha_i-\beta_i)\eta} \right]^{1-\theta} \right]^{\frac{1}{(1-\theta)(1-\eta)}}$$

$$(4-32)$$

其中,A_{ij} 根据式(4-1)计算得出。将前文所推导出的均衡要素配给表达式代入式(4-31)与式(4-32)则可求出 A_i 与 A。此外,由于在资源配置最有效率的情形下,τ_{iy}、τ_{ijk}、τ_{ijl} 与 τ_{ije} 均为 0,将该条件代入式(4-31)与式(4-32)能够求得地区层面与国家层面最有效的加总全要素生产率 A_i^* 与 A^*:

$$A_i^* = (A_{ih}^{1-\sigma} + A_{il}^{1-\sigma})^{\frac{1}{1-\sigma}}$$

$$(4-33)$$

$$A^* = \left[\sum_{i=1}^{N} (A_i^*)^{1-\theta} \right]^{\frac{1}{1-\theta}}$$

$$(4-34)$$

四、资源配置扭曲的测度及基于"反事实"框架的分解

1. 资源配置扭曲的测度

与谢长泰和克莱诺(2009)、吉尔克里斯特等人(2013)以及阿达莫普洛斯等人(Adamopoulos et al.,2017)类似,本章将资源配置扭曲定义为:

$$D = \ln\left(\frac{A^*}{A} \right)$$

$$(4-35)$$

其中,A^* 为潜在全要素生产率(即资源配置最有效时的全要素生产率),A 为实际全要素生产率。根据式(4-35)可知,D 越小,资源配置扭曲程度越低,资源配置效率越高,特别地,当 $D=0$ 时,实际全要素生产率 A 等于潜在全要素生产率 A^*,资源配置效率最高。将根据式(4-32)与式(4-34)计算得出的 A 与 A^* 代入式(4-35)即可得到中国资源配置扭曲程度的具体数值。那么,更

进一步地,地区之间与部门之间资源扭曲又分别在多大程度上解释了总体资源扭曲? 各类市场(比如资本、劳动、能源等生产要素市场以及产品市场)对总体资源扭曲 D 的贡献率多大? 为回答此类问题,需要将总体资源扭曲进行分解。

2. 资源扭曲的分解

本章基于"反事实"框架对总体资源扭曲进行分解。背后的思想是,消除某一扭曲所增加的那部分全要素生产率即是该扭曲所导致的效率损失值。接下来,本研究分别以计算能源要素扭曲、部门间扭曲以及地区间扭曲对总扭曲的贡献率为例来说明"反事实"策略。消除能源扭曲意味着对于所有的地区 i 与部门 j 来说 τ_{ije} 均相等[①];消除部门扭曲意味着 τ_{iy}、τ_{ijk}、τ_{ijl} 与 τ_{ije} 分别在部门间相等而在地区间存在差别;类似地,消除地区扭曲相当于 τ_{iy}、τ_{ijk}、τ_{ijl} 与 τ_{ije} 分别在地区间相等而在部门间存在差异。

假设在消除能源要素扭曲、部门间扭曲以及地区间扭曲以后,相应的全要素生产率分别为 A^E、A^S 与 A^P,若进一步分别采用 d^E、d^S 与 d^P 表示能源要素扭曲、部门间扭曲以及地区间扭曲对总扭曲的贡献率,那么:

$$d^E = \frac{A^E - A}{A^* - A}$$

$$d^S = \frac{A^S - A}{A^* - A} \qquad (4-36)$$

$$d^P = \frac{A^P - A}{A^* - A}$$

其中,A、A^* 和前文有着相同的含义,分别代表国家层面的实际与潜在全要素生产率。直观上讲,d^E 代表能源要素扭曲带来的效率损失 $(A^E - A)$ 占效率损失总额 $(A^* - A)$ 的比例。 资本要素、劳动要素以及产品市场扭曲对总扭曲的贡献率可以采用类似的方法计算得到。

---

① 由于"扭曲"只是相对的概念,消除特定扭曲不必意味着该扭曲等于 0,只需在不同经济主体间等于任意常数即可。

第四节　数据处理与变量构建

观察前文不难发现,将能源要素纳入现有理论研究框架以及突破已有文献生产函数规模报酬不变的限定,给模型求解带来了难度。除此之外的另一挑战为,构建契合模型特征的数据。如前文所述,现有投入产出面板数据要么是地区层面的(比如,涂正革,2008;王兵等,2010;陈诗一,2010;林伯强和李江龙,2015 等人),要么是行业层面的(比如,黄永峰等,2002;李小平等,2008;涂正革和肖耿,2009;任若恩和孙琳琳,2009;涂正革,2012;林伯强和刘泓汛,2015 等人),尚无跨地区(省、市)、跨部门(高、低耗能部门)的长时间序列且相对连续完整的投入产出面板数据。原则上,微观数据的获取使得任何维度上加总数据的构建成为可能。本章基于 1998—2013 年中国工业企业微观数据库与价格指数、能源消耗等相关变量的匹配数据,构建了随地区(省、市)-部门(高、低耗能部门)-时间(1998—2013 年)变化的三维投入产出面板数据,主要变量有,工业总产值、工业增加值、资本存量、从业人数以及能源消费。数据来源为 1998—2013 年中国工业企业数据库、CEIC 数据库、《中国能源年鉴》以及各省(自治区、直辖市)统计年鉴等。

一、数据构造原则

跨地区、跨部门 1998—2013 年投入产出面板数据的构建原则为:对于官方已经公布的,以官方数据为准(比如,北京、上海等地在一些年份公布了二位数行业层面的工业总产值与从业人数);余下的部分根据微观数据集结构建。

值得特别指出的是,分省、分行业数据主要采用微观数据加总得到,而非直接采用官方所报告的宏观数据。原因在于,就本章研究而言,与采用宏观行业数据相比,利用中国工业企业数据库进行加总,可能存在以下几个优点:首先,分省分行业宏观数据缺失较多,而根据中国工业企业微观数据库进行加总可以将分省分行业数据中的行业数量扩展到 39 个,以能够尽可能地反映中国经济发展的全貌[①];其次,分省分行业数据样本区间可以延展到1998—2013年,将研究样本拓展到金融危机后足够长区间,有助于探讨金融危机以及"新常态"下中国资源配置效率问题;最后,采用工业企业微观数据库使得作者能够剔除影响数据质量的观测值(比如,异常值、明显不符合会计准则的观测值等),从而使得加总数据相对更为准确。

虽然采用微观数据加总得到研究所需的分省、分行业数据有诸多优点,但是也可能面临数据质量以及与宏观数据口径不一致的问题。为此,本章将工业企业加总得到的变量与官方省市统计年鉴报告的相应变量进行了比对。表4-2选取代表性年份4个直辖市显示了工业企业数据与省市统计年鉴数据的

表4-2 中国工业企业数据与官方统计年鉴数据的一致性

直辖市城市	变量	1999		2006		2013	
		工企	年鉴	工企	年鉴	工企	年鉴
北京	企业数(家)	5 225	5 225	6 400	6 401	3 480	3 641
	工业总产值(亿)	200	200	821	821	1 702	1 737
天津	企业数(家)	5 213	5 298	6 301	6 301	4 955	5 383
	工业总产值(亿)	226	226	853	853	2 554	2 623
上海	企业数(家)	9 323	9 205	14 404	14 404	9 065	9 782
	工业总产值(亿)	545	545	1 857	1 857	3 156	3 208
重庆	企业数(家)	1 975	1 975	3 208	3 214	5 403	5 559
	工业总产值(亿)	86	86	321	321	1 509	1 579

注:"工企"列对应利用工业企业数据加总得到的数据;"年鉴"列对应的数据来源于省、市统计年鉴。

[①] 《中国制造业省际间资源配置效率演化:二元边际的视角》(孙元元和张建清,2015)是目前作者发现的唯一的一篇采用长时间序列中国分省分行业投入产出面板数据开展经济研究的论文。孙元元和张建清(2015)在对中国宏观行业数据进行深入细致处理的基础上,构建了1999—2010年中国21个工业行业分省(其中,20个制造业行业和一个非制造业行业)连续完整的投入产出面板数据。

比对结果①。从表 4 - 2 中不难发现,基于 1998—2013 年微观数据集结得到的数据与已有相关数据有着较好的一致性。此外,由于 2009 年后中国工业企业数据库数据质量还存在一定的争议,本章研究发现,虽然 2009 年后的数据在微观层面上存在诸如企业编码混乱、样本缺失、异常值等问题,但是基于该数据库整理得到的加总数据与能够查找获取的相应官方数据非常接近。综上所述,采用 1998—2013 年中国工业企业数据库构建本章所需的变量对研究结果的不利影响非常有限。

此外,由于工业企业数据中并无与能耗高低相关的信息,因此无法直接把微观数据集结跨地区、跨部门(高、低耗能部门)层面上。笔者解决这一问题的思路是,首先根据企业的地理与行业信息把微观数据整合到跨地区(省、市)、跨行业(二位数行业)层面,然后在此基础上根据各行业能耗的高低进一步将跨地区(省、市)、跨行业(二位数行业)数据归并到跨地区(省、市)、跨部门(高、低耗能部门)层面。②

二、数据清理

在构建主要变量之前,笔者首先对工业企业数据库进行了系统的清理。如聂辉华等人所指出的那样,工业企业数据库具有样本大、时间长、指标全面等优势,然而还存在诸如指标缺失、大小值异常、测度误差明显和变量定义模糊等问题,如果没有采取有效方法缓解或消除这些缺陷,将会对研究产生负面影响(聂辉华等,2012)。为缓解这一问题,参照蔡洪滨和刘俏(2009)的做法对 1998—2013 年工业企业数据进行如下处理:删除诸如资产总额、雇用工人人数、工业增加值、固定资产净额或销售额缺失的观测值;删除固定资产低于 100 万、总资产低于 100 万并且雇用工人数量少于 8 人的观测值;删除诸如总资产减去流动

---

① 笔者在比对工业企业加总数据与省市统计年鉴数据的过程中,还考察了其他 28 个省级单位的情形,结果也类似,限于篇幅,未在表 4 - 2 中报告。

② 其中,高、低能耗行业的划分标准参见陈诗一(2011)。

资产小于 0、总资产减去固定资产小于 0、总资产减去固定资产净额小于 0 或者累计折旧小于当期折旧等会计指标异常的观测值。[1] 以上主要讨论了数据的构造原则与清理问题。接下来,着重介绍在数据清理的基础上构建产出、资本、劳动与能源等核心变量。

三、产出

产出分别采用工业总产值与工业增加值表示。由于前述生产函数中的投入要素除了包括资本与劳动外,还包括能源要素,陈诗一(2010)指出,该情形下采用工业总产值更能准确计算全要素生产率。另外,陈晓玲等(2016)、陈诗一和阿米莉娅(Chen and Amelia,2013)等人在考察同时包含资本、劳动、能源要素的生产函数时,采用工业总产值代表产出。有鉴于此,本章主要采取工业总产值作为产出的代理变量,工业增加值作为产出代理变量的情形留待稳健性分析。工业企业数据库中 2001 年与 2004 年工业增加值数据缺失,本章采用"工业增加值=工业总产值-中间投入+增值税"计算这两年的工业增加值。此外,工业企业数据库 2008—2013 年既未报告工业增加值数据,也未给出能够计算出工业增加值的相关变量。观察数据本书发现,工业增加值占工业总产值的比例十分稳定,因此本书通过 1998—2007 年工业增加值占工业总产值比例的平均值乘以 2008—2013 年各年工业总产值来推算 2008—2013 年间相应年份的工业增加值。[2]

另外,工业企业数据库中报告的工业总产值与工业增加值均为名义值,包含了各年的价格变动因素,并不能确切地反映实物变动。为确切反映产出变动,需要采用价格指数数据对名义产出进行平减。平减名义产出所采用的价格指数摘自 CEIC 数据库(中国经济数据库)中的分行业生产者出厂价格指数

---

[1] 当然,工业企业数据库还存在由于样本匹配混乱、企业编码重复等而产生的企业层面的识别问题。由于本书所处理的问题在跨地区、跨部门层面,故而自然地回避了这一问题。

[2] 采用工业企业数据库的计算结果显示,工业增加值占工业总产值的比重只是在 0.28~0.30 这样一个相对较窄的区间内小幅波动;工业增加值与工业总产值之比的标准差仅仅相当于其均值的 0.6%。

(1998＝100),作者进一步地核查发现,CEIC 数据库报告的行业生产者价格指数依据《中国城市(镇)生活与价格年鉴》整理得到。值得指出的是,产出数据是分省分行业的,而生产者出厂价格指数是分行业的,这意味着在平减产出时,采用行业价格指数替代分省分行业价格指数。

四、资本存量与劳动

资本存量是投入产出核算的核心变量之一,然而这一变量不像产出一样可以直接从数据中观察到,需要基于已有数据信息进行估算。笔者采用永续盘存法这一文献常用做法对研究样本区间内的资本存量进行估算,具体估算公式如下:

$$k_t = I_t + (1 - \delta_t)k_{t-1} \tag{4-37}$$

其中,k_t 与 k_{t-1} 分别表示 t 期与 $t-1$ 期的资本存量;I_t 为实际固定资产投资;δ_t 为资本存量的折旧率。观察式(4-37)不难发现,实际固定资产投资 I_t、资本折旧率 δ_t 与初始年份资本存量 k_0 是估算资本存量序列的三个关键参数。它们获得方法为:$I_t =$ (本年固定资产原值－上年固定资产原值)/本年价格指数,其中价格指数采用 CEIC 数据库所报告的省级固定资产投资价格指数(1998＝100)来表示,值得指出的是,广东 1998—2000 年、海南 1998—1999 年固定资产投资价格指数缺失,为此,本章采用全国固定资产投资价格指数代替这些缺失值,需要说明的是,本章投资数据是分省、分行业的,而固定资产价格指数是省级数据,这意味着在对投资进行平减时,采用分省价格指数替代分省、分行业价格指数;$\delta_t =$ 本年折旧/上年固定资产原值,值得注意的是,由于本年折旧与固定资产原值数据是随地区、部门与时间变化而变化的,因此与多数文献采用一个固定不变的折旧率不同,折旧率 δ_t 在地区、部门与时间这三个维度上均存在差异;参照陈诗一的做法,初始年份资本存量 $k_0 =$ 初始年份实际固定资产净值(陈诗一,2011)。与资本数据需要估算不同,劳动数据的构建较为简洁,本书沿用已有文献的通常做法,采用从业人员数表示劳动。

五、能源

就能源消耗而言,不仅已有公开资料尚未报告跨地区、跨部门(或行业)长时序相对完整的数据,而且工业企业数据库也未提供能源消耗数据的相关信息,因此跨地区、跨部门能源数据甚至也无法像产出、资本与劳动一样从工业企业数据库集结整理得到。为尽可能准确、合理地构造模型所需的能源数据,采用如下方法对已有数据进行整合处理:对于已经公开的跨地区、跨部门能源数据,本书直接采用官方数据;对于缺失的跨地区、跨部门能源数据,本书基于已有数据进行构造,具体方法为,首先根据工业企业数据库计算出地区各行业工业总产值(或者工业增加值)占全国的比重,其次基于这一比重将《中国能源年鉴》所报告的分行业能源消费数据分配到地区对应行业,这样就得到了跨地区、跨行业能源消费数据,然后再根据行业能耗的高低将跨地区、跨行业能源消费数据归并为跨地区、跨部门数据,由于《中国能源年鉴》所报告的能源数据为全口径数据,本书采用陈诗一(2011)所测算的规模以上工业产出占全口径工业产出的比例将能源数据统一调整到与工业企业数据库一致的规模以上口径。至此,则完成了求解本书理论模型所需的主要投入产出面板数据的构建。

六、变量的简单统计描述

基于长时序、大样本微观数据(本书所采用的 1998—2013 年工业企业数据观测值数量高达 420 万个)构造变量是一项相对繁琐和容易出错的工作。为确保下文分析的准确性与可靠性,有必要将前文构造的关键性变量与相关的代表性文献进行比对。陈诗一(2011)构造并公布了 1980—2008 年中国工业全行业资本产出比的具体数据。本书摘取该文 1998—2008 年资本产出比数据并与相同时间区间的本书数据进行了比对,图 4-5 显示二者较为接近,并无系统性差异,这进一步增加了本书分析的可信度。另外,表 4-3 以"地区-部门"为单元,汇报了主要变量的简单统计描述。不难发现,高、低能耗部门间投入产出变量均存在较大差异。其中,能源消耗的差异最为显著,这也再次充分表明了将能源要素纳入资源配置效率研究框架的必要性。

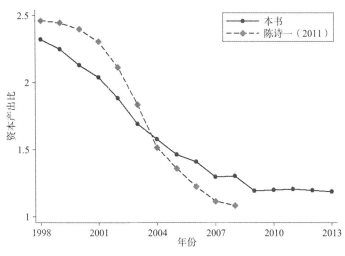

图 4 - 5　资本产出比对比(1998—2013)

表 4 - 3　主要变量统计描述

变量名称 及单位	高能耗部门				低能耗部门			
	均值	标准误	最小值	最大值	均值	标准误	最小值	最大值
工业总产值 (亿元)	9 655	14 527	114	97 808	2 783	4 992	11	48 159
工业增加值 (亿元)	2 778	3 952	31	29 413	862	1 384	3	12 521
资本存量 (亿元)	3 239	3 230	108	20 981	752	1 054	10	8 623
从业人员 (万人)	178	185	3	1 256	74	113	2	1 044
能源消费(万 吨标准煤)	4 640	5 343	148	29 506	425	585	4	3 692

第五节　主要发现与稳健性分析

在前文模型设定与数据处理的基础上，本节将阐述本书研究的主要结果与稳健性分析。求解实际与潜在全要素生产率以及基于"反事实"策略对资源配置扭曲进行分解,需要首先确定模型中的关键参数:规模报酬递减程度 $1-\eta$、资本产出弹性 α_i、劳动产出弹性 β_i、地区内部不同部门间的产出替代弹性 σ 以及不同地区之间的产出替代弹性 θ。

本书借鉴陈诗一(2017)的做法,将 η 设定为 0.8,即生产函数规模报酬递减程度为 0.2。关于资本产出弹性 α_i 与劳动产出弹性 β_i 的取值,文献还存在一定的争议,具体地,α_i 的取值一般介于 0.4~0.6 之间,β_i 的取值一般介于 0.3~0.5 之间(郭庆旺和贾俊雪,2005;孙元元和张建清,2015;Brandt et al.,2013),考虑到结果的稳健性,本书取文献设定的中间值,即 α_i 为 0.5,β_i 为 0.4,与陈诗一和陈登科(2016)类似,能源产出弹性则为 0.1。值得指出的是,虽然上述要素产出弹性的取值具有较强的文献支持,但是可能面临以下两方面问题:第一,不同经济主体的生产函数不同;第二,能源产出弹性可能相对较低。针对这两个问题,本书在稳健性分析部分考察了省级异质性生产函数的情景,其中,省级资本和劳动产出弹性运用 OP 方法估计得出。此外,还进一步探讨了增加能源产出弹性数值的情景。最后,关于 σ 与 θ 的取值,由于布兰特等人(2013)指出文献中尚无直接估计可得的数值,本书沿用谢长泰和克莱诺(2009)、布兰特等人(2013)以及龚关和胡关亮(2013)对中国替代弹性的设定,将 σ 与 θ 的数值取为 0.67。进一步地,考虑到本书研究结果的准确性,在稳健性分析部分,还进一步报告了 σ 与 θ 取其他数值的情景。

一、资源配置扭曲的动态演化

在考察中国资源配置效率动态演化模式之前,有必要首先看一下不同能耗部门全要素生产率。图 4-6 绘制并展示了高、低能耗部门全要素生产率的核密度图。从图形中可以看出,不同能耗部门全要素生产率存在明显差别,高能耗部门全要素生产率显著小于低能耗部门(平均而言,后者数值是前者的 1.22 倍)。然而,全要素生产率相对较低的高能耗部门所占有的资源却显著高于低能耗部门,高能耗部门的资本存量与从业人员数量的均值分别是低能耗部门的

4.31 倍和 2.41 倍;能源消耗量更是高达低能耗部门的 10.92 倍。这进一步表明了,高、低能耗部门间的资源配置存在着较大扭曲,能源要素扭曲是解释总体资源配置扭曲的重要因素。

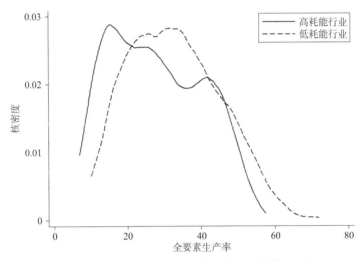

图 4 - 6   中国高、低能耗部门全要素生产率核密度图

在采用式(4 - 32)与式(4 - 34)分别计算出实际与潜在全要素生产率的基础上,图 4 - 7 绘制了 1998—2013 年间中国实际与潜在全要素生产率的变化曲线。不难发现,除了个别年份(2008 年金融危机以及 2012 年中国经济增长开始进入"新常态"阶段)之外,中国实际全要素生产率在研究样本期间持续增长。进一步的计算表明,该时期全要素生产率的年均增长率为 7.0%。尽管如此,实际全要素生产率却显著低于潜在水平,而且在研究样本区间内,还尚未出现实际全要素生产率向潜在全要素生产率收敛的趋势。

图 4 - 7 表明,中国实际全要素生产率显著低于潜在水平,资源配置可能存在较大扭曲。为进一步定量刻画中国资源配置扭曲程度,本书借助于前文式(4 - 35)计算了资源配置扭曲的具体数值,并在图 4 - 8 中采用"散点-拟合线"的形式直观地展示了中国 1998—2013 年资源配置扭曲(或资源配置效率)动态演

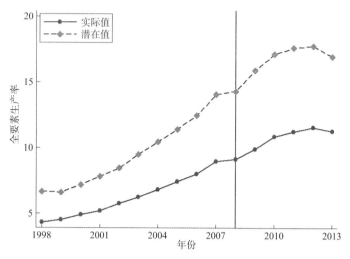

图 4 - 7　中国实际与潜在全要素生产率(1998—2013)

化模式。简单的代数计算显示,1998—2013 年间中国资源配置扭曲均值为 0.427。根据前文的设定,这意味着该时间区间内,资源配置扭曲导致中国全要素生产率年均下降 42.7%。图形中拟合线向上倾斜表明,从整体趋势上来看,中国资源配置扭曲状况并未得到改善,反而略微恶化,这也进一步呼应并印证了前文典型事实所暗示的结果。从特定时间区间来看,可以总结得出以下基本特点:(1)资源配置扭曲程度从 1998 年亚洲金融危机的局部高位下降,此后 4 年一直在相对低位徘徊,这与吴延瑞(2008)、珀金斯和罗斯基(Perkins and Rawski,2008)以及郑江淮等人(Zheng et al.,2009)所估算的中国全要素生产率变化特征基本一致;(2)2003 年左右资源配置扭曲程度则开始一路攀升,本书的这一结果也耦合了陈诗一(2010)所强调的 2003 年以后重工业膨胀的事实。由前文可知,高能耗部门全要素生产率显著低于低能耗部门,2003 年以后重工业的膨胀势必恶化工业全行业全要素生产率、增加资源配置扭曲,这也正是图 4 - 8 在 2003—2007 年间所展示的;(3)虽然资源配置扭曲程度在 2007 年有所企稳,但是 2008 年全球金融危机恶化了中国资源配置效率,金融危机期间的资源配置扭曲程度显著高于其他年份。特别地,在金融危机冲击集中显现的 2009 年,资源配置扭曲达到历史最高水平;(4)与 2009 年相比,2010 年与 2011 年资源配置扭曲程度有所下降,但却依然停留在高位,这也显示了金融危机对中国经济冲击具有一定的持续性;(5)然而,近两年资源配置扭曲程度有了较为明显的回落,这一结果与前文第二部分特征事实所展示的 2012 年与 2013 年不同部门、不同地区之间主要生产投入要素比例差距有所缩小(资源配置向最有效率的情形靠拢)一致。

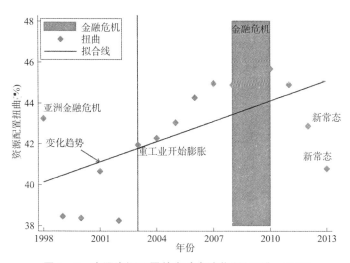

图 4‑8　中国资源配置效率动态演化图(1998—2013)

此外,为进一步探讨 1998—2013 年资源配置扭曲数量上的性质,本书还设定了如下简单计量回归模型:

$$D_t = \omega_0 + \omega_1 Year + \varepsilon_t \qquad (4-38)$$

$$D_t = \alpha_0 + \alpha_1 D_{t-1} + \zeta_t \qquad (4-39)$$

$$D_t = \beta_0 + \beta_1 Crisis + \zeta_t \qquad (4-40)$$

$$D_t = \gamma_0 + \gamma_1 Crisis\_after + \xi_t \qquad (4-41)$$

其中,D_t 为 t 时期资源配置扭曲程度,$Year$ 代表时间;D_{t-1} 代表 D_t 的一阶滞后项;$Crisis$ 表示 2008 年金融危机虚拟变量,金融危机期间为 1,其他时期取值为 0;$Crisis\_after$ 表示 2008 年金融危机后的虚拟变量,金融危机之后取值为 1,金融危机之前为 0。因此,与图 4 - 7 中的拟合曲线一样,式(4 - 38)考察了资源配置扭曲随时间变化的趋势性特征①。式(4 - 39)采用一阶自回归模型考察了资源配置扭曲的持续性,α_1 估计值的系数越大,代表资源配置扭曲的持续性越强。式(4 - 40)与式(4 - 41)分别考察了 2008 年金融危机期间以及金融危机之后资源配置扭曲与其他时期的差别。需要说明的是,较之于简单的对比分析,计量回归的好处在于,除了能得到对比分析的差异值之外,还能获得差异值的显著性水平。比如,式(4 - 40)中变量 $Crisis$ 系数 β_1 的估计值表示,金融危机期间资源扭曲程度的均值与其他时期的差,β_1 估计值的标准误表示这种差异是否显著,而直接的对比分析(采用金融危机期间资源扭曲大小减去其他时期的均值)却只能得到 β_1 的估计值。

表 4 - 4 显示了式(4 - 38)至式(4 - 41)的回归结果。$Year$ 的系数显著为正揭示,从整体时间趋势上来看,一旦考虑能源要素,则中国资源配置状况并未改善。D_{t-1} 系数的估计值高达 0.715,并且在 1% 的显著性水平上显著表明,中国资源配置扭曲具有较强的持续性。2008 年金融危机期间资源配置扭曲程度比其他时期高 0.052,进一步的计算显示,这等价于金融危机期间资源配置扭曲程度比其他时期高 12%(0.05/0.42)。最后,式(4 - 41)的估计结果显示,2008 年金融危机之后的中国资源配置扭曲比金融危机之前高 7.6%(0.032/0.42)。

---

① 事实上,式(4 - 38)中变量 $Year$ 系数的估计值就是图 4 - 8 中拟合曲线的斜率。

表 4 - 4 　 中国资源配置扭曲性质的简单回归分析

	扭　曲			
	D_t	D_t	D_t	D_t
Year	0.004**			
	(0.001)			
D_{t-1}		0.715***		
		(0.204)		
Crisis			0.052*	
			(0.026)	
Crisis_after				0.032**
				(0.012)

注：***、**与*分别表示1%、5%与10%显著性水平,括号中数据为标准误。

此外,本书采用式(4 - 31)与式(4 - 33)计算出地区实际与潜在全要素生产率,并运用式(4 - 35)计算了各地区资源配置扭曲程度,表 4 - 5 显示了这一结果。观察表 4 - 5 不难发现：(1)经济发展水平较高、能耗相对较少的省份,资源配置效率排名相对靠前。比如,广东、福建与浙江分别位居前三；(2)经济发展水平较低、能源消耗较高的省份,资源配置效率排名相对靠后。比如,青海、内蒙古、新疆等省份,山西这一经济发展相对滞后的富煤、耗能大省更是成为了资源配置效率最低的省份；(3)就经济发展水平较为相似的省份而言,能耗越高的省份,资源配置效率越低。比如,广东高于北京、浙江高于江苏、吉林高于黑龙江,特别地,虽然海南经济发展水平不高,但该省能源消耗量非常之低,资源配置效率远高于与其经济发展水平相当的宁夏、甘肃、青海等省份。仔细观察表4 - 5 还能发现,地区层面资源配置扭曲程度普遍小于国家层面,这是因为全国层面的资源配置扭曲除了包含地区内部(高、低能耗部门之间)资源配置扭曲外,还包含各地区之间资源配置扭曲。

表4-5　中国各地资源配置扭曲程度及其排名

	地方代码	效率排名	扭曲程度
广东	44	1	0.080
福建	35	2	0.097
浙江	33	3	0.104
北京	11	4	0.122
上海	31	5	0.131
海南	46	6	0.152
江苏	32	7	0.159
吉林	22	8	0.162
天津	12	9	0.166
江西	36	10	0.169
山东	37	11	0.189
安徽	34	12	0.201
四川	51	13	0.216
云南	53	14	0.225
湖南	43	15	0.221
广西	45	16	0.221
重庆	50	17	0.232
河南	41	18	0.242
湖北	42	19	0.239
河北	13	20	0.245
辽宁	21	21	0.246
贵州	52	22	0.255
黑龙江	23	23	0.247
甘肃	62	24	0.297
陕西	61	25	0.310
宁夏	64	26	0.301
内蒙古	15	27	0.341
新疆	65	28	0.421
青海	63	29	0.409
山西	14	30	0.509

注：西藏分行业资本存量数据缺失，故表中未计算该地资源配置效率。

二、资源配置扭曲的分解

前文剖析了中国资源配置扭曲的动态演化模式,本小节则更多地关注资源配置扭曲背后的机制——不同因素对资源配置扭曲的贡献。本书采用前述"反事实"策略从两个维度对资源配置扭曲进行分解。

首先,将资源配置扭曲从空间维度分解为地区(省、市)间的扭曲与地区内部(高、低能耗部门)的扭曲。图4-9报告了地区间扭曲与高、低能耗部门间扭曲对总体资源配置扭曲的贡献。平均而言,地区间扭曲与部门间扭曲对总体扭曲的贡献率大体相当,其具体数值分别为51.6%与48.4%;就随时间变化的模式而言,二者对总体资源配置扭曲贡献率的差异从1998年开始不断缩小,此后并未出现一方系统性地高于另外一方的现象。

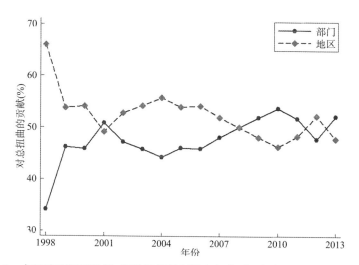

图4-9　中国地区间以及高、低能耗部门间要素扭曲对总扭曲的贡献(1998—2013)

其次,为考察不同投入要素扭曲以及产品市场扭曲对总体资源配置扭曲的贡献,本书还尝试从另一维度将资源配置扭曲分解为资本、劳动、能源以及产品市场扭曲。基于前文式(4-36)的计算结果显示,资本、劳动、能源等生产投入要素扭曲对总体扭曲的贡献率分别为43.8%、21.2%与36.1%,产品市场扭曲的贡献几乎为 0。能源要素扭曲的贡献率仅次于资本要素扭曲,但却显著高于劳动要素扭曲以及产品市场扭曲。由此可见,在考察资源配置效率时,忽略能源这一重要生产投入要素势必给研究结果的准确性和可靠性带来负面影响。

图 4-10 绘制了 1998—2013 年间资本、劳动、能源等生产投入要素以及产品市场扭曲对总体扭曲贡献率变化的曲线。该图从动态视角再次表明了将能源要素引入分析框架的必要性。图 4-10 揭示,1998—2013 年间资本与劳动要素扭曲对总体资源配置扭曲的贡献率呈现下降趋势,产品市场扭曲的贡献率相对较为平稳,未表现出明显的上升或下降趋势。然而与资本、劳动以及产品市场扭曲不同的是,能源扭曲的贡献率却呈现明显上升趋势(虽然贡献率在 2002 年有所回落,但是 2003 年后开始持续上升,这也符合 2003 年中国重工业开始再度膨胀的事实),并且在 2008 年金融危机后逐步超过资本成为中国资源配置扭曲的首要贡献者。资本与劳动扭曲对资源配置扭曲贡献率的下降表明,近年来"消除要素扭曲、提高全要素生产率"政策在资本、劳动等传统关注的生产投入要素上已经初见成效。能源要素扭曲对资源扭曲配置贡献率的上升则意味着,在矫正资源配置扭曲的过程中,能源这一重要生产投入要素似乎被忽视了。

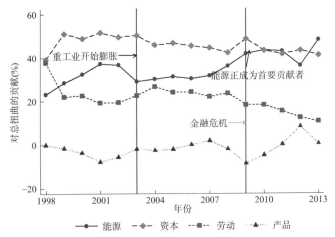

**图 4-10　中国要素市场不同投入要素扭曲和产品市场扭曲
对总扭曲的贡献(1998—2013)**

三、稳健性分析

　　鉴于已有文献对中国资本产出弹性与劳动产出弹性取值并不统一,不同省份生产函数可能存在较大差异,此外,考虑到在计算全要素生产率的过程中,谢长泰和克莱诺(2009)、布兰特等人(2013)以及孙元元和张建清(2015)采用工业增加值来表示产出,为确保本书结论的可靠性,本书尝试主要从以下两方面对前文主要结果进行稳健性检验:一是,α、β 在省级层面存在异质性,其数值运用 OP 半参数方法估计得出,表 4-6 显示了相应的测算结果;二是,采用工业增加值作为产出的代理变量。此外,本书在稳健性分析过程中还考察了增加能源产出弹性(由 0.1 增加到 0.2,即在前文的基础上增加了 100%)以及 σ 和 θ 取值不同于前文的情景。

表 4-6　中国各地资本劳动产出弹性

	地方代码	资本产出弹性	劳动产出弹性
北京	11	0.240	0.420
天津	12	0.291	0.387
河北	13	0.404	0.297
山西	14	0.433	0.273
内蒙古	15	0.404	0.304
辽宁	21	0.359	0.287
吉林	22	0.330	0.274
黑龙江	23	0.296	0.342
上海	31	0.211	0.421
江苏	32	0.332	0.315
浙江	33	0.277	0.497
安徽	34	0.351	0.272
福建	35	0.320	0.455
江西	36	0.289	0.286
山东	37	0.389	0.297
河南	41	0.484	0.265
湖北	42	0.289	0.329

	地方代码	资本产出弹性	劳动产出弹性
湖南	43	0.286	0.273
广东	44	0.290	0.424
广西	45	0.294	0.295
海南	46	0.424	0.421
重庆	50	0.246	0.379
四川	51	0.355	0.328
贵州	52	0.259	0.396
云南	53	0.367	0.403
陕西	61	0.274	0.311
甘肃	62	0.253	0.246
青海	63	0.202	0.331
宁夏	64	0.295	0.304
新疆	65	0.438	0.339

注：基于 OP 方法估计得出。

表 4-7 汇报了相关稳健性分析结果。比较表 4-7 第 2 列和第 3 列的数值，不难发现，α、β 在省级层面取不同的数值对前文主要结果的影响并不大。该情景下，整体资源配置扭曲程度、地区间扭曲与部门间扭曲的贡献率、能源要素扭曲与产品市场扭曲的贡献率与基准情景十分接近；虽然其他个别结果与基准情景有所偏离，但几乎都朝着加强本书主要论点的方向变化，比如，高、低能耗部门全要素生产率之比由基准情景的 0.817 下降到 0.667，这表明二者全要素生产率的差异更加显著，从而凸显了前文将经济划分为高、低能耗部门进行研究的必要性。进一步比较表 4-7 第 2 列和第 3 列劳动要素扭曲的贡献率可知，后者数值高于前者，这一结果与劳动资本产出弹性比提高相一致（基准情景下，劳动资本产出弹性比为 4：5；α、β 取值存在省级异质性的情景下，劳动资本产出弹性比为 1.1：1）。另外，采用工业增加值作为产出代理变量（表 4-7 第 4 列）也基本不改变前文主要研究结果。比较表 4-7 第 2 列与第 4 列易知，在采用工业增加值作为产出代理变量的情景下，能源要素扭曲的贡献率从基准情景

的 0.361 上升到 0.424,并微弱超过资本要素扭曲成为资源配置扭曲的首要贡献者,这再次表明将能源要素纳入中国资源配置效率研究框架的必要性。此外,较之于基准情形,提高能源产出弹性的数值(表 4-7 第 5 列),增加了能源要素扭曲和部门扭曲的贡献率,这一点也非常符合经济学直觉,即能源产出弹性的提高,放大了能源要素扭曲,同时增加了高、低能耗部门间的扭曲。最后,比较表 4-7 第 2 列与第 6 列的数值,可以发现,改变 σ 和 θ 取值亦不显著影响前文主要结果。

表 4-7　稳健性分析(静态视角)

	基准情景	异质函数	工业增加值	能源产出弹性0.2	$\sigma = \theta = 0.6$
高、低能耗部门 TFP 比	0.817	0.667	0.698	0.773	0.817
整体资源扭曲	0.427	0.469	0.468	0.454	0.377
部门扭曲贡献	0.484	0.442	0.439	0.567	0.476
地区间扭曲贡献	0.516	0.558	0.561	0.433	0.524
资本扭曲贡献	0.438	0.340	0.378	0.364	0.458
能源扭曲贡献	0.361	0.351	0.424	0.478	0.349
劳动扭曲贡献	0.212	0.297	0.219	0.164	0.212
产品扭曲贡献	−0.011	0.011	−0.021	−0.006	−0.019

注:"基准情景"列对应于前文主要结果;"异质函数"是指资本产出弹性与劳动产出弹性在省级层面上存在差异,其具体数值通过 OP 方法估计得出;"工业增加值"表示采用工业增加值最为产出的代理变量;"能源产出弹性为 0.2"表示将基准情景中的能源产出弹性由 0.1 提高到 0.2;"$\sigma = \theta = 0.6$"表示将基准情景中的 $\sigma = \theta = 0.67$ 变为 $\sigma = \theta = 0.6$。

表 4-7 从静态(平均)视角探讨了本书主要结果的稳健性,那么,从动态(随时间演化)视角来看,不同情景设定下前文研究结果是否具有稳健性呢? 为此,与表 4-4 相对应,表 4-8 报告了在不同情景设定下式(4-38)—式(4-41)的估计结果。观察表 4-8 并结合前文,不难发现,生产函数的异质性、采用工业增加值表示产出、提高能源产出弹性以及改变 σ 和 θ 取值均未显著改变前文主要结论。在本书研究样本区间内,中国资源配置状况并未出现改观;中国资

源配置扭曲具有较强的持续性;金融危机进一步增加了要素配置扭曲程度;2008年金融危机之后,中国资源配置扭曲高于危机之前。综上,无论从静态还是从动态的视角来看,本书研究结果均具有较强的稳健性,虽然个别情景设定下的结果与基准情景有所偏离,但基本都朝着加强本书主要论点的方向变化。

表 4 - 8　稳健性分析(动态视角)

	计量回归系数			
	$Year$	D_{t-1}	$Crisis$	$Crisis\_after$
基准情景	0.004**	0.715***	0.052*	0.032**
	(0.001)	(0.204)	(0.026)	(0.012)
异质函数	0.006***	0.906***	0.027	0.046***
	(0.001)	(0.183)	(0.034)	(0.012)
工业增加值	0.005***	0.775***	0.055	0.035*
	(0.001)	(0.178)	(0.036)	(0.017)
能源弹性0.2	0.004**	0.724***	0.053*	0.031**
	(0.001)	(0.194)	(0.027)	(0.013)
$\sigma = \theta = 0.6$	0.002*	0.537	0.045*	0.026**
	(0.001)	(0.216)	(0.024)	(0.011)

注:* $p<0.1$,** $p<0.05$,*** $p<0.01$。

第六节　小结:本章主要结论与可能的拓展

中国2010年超越美国成为全球第一大能源消耗国以及2008年金融危机爆发,无疑是中国40多年改革开放历程中十分值得关注的重大事件。在此双重背景下,将能源这一重要生产投入要素纳入资源配置效率分析框架,并系统地考察金融危机前后中国资源配置效率的异同尤为必要。然而在这两个问题上,现有文献的探讨相对比较匮乏。有鉴于此,本书主要尝试从如下两个方面对现有文献进行创新拓展:第一,将能源变量纳入理论研究框架,进而系统地考察了纳入能源要素的中国资源配置效率动态演化特征,同时对造成资源配置效率低下的扭曲进行了分解;第二,基于1998—2013年中国工业企业微观数据库与价格指数、能源消耗合并数据构建了随"地区-部门-时间"变化的三维投入产出面板数据,将研究区间拓展到2008年金融危机爆发之后6年,使得分析金融危机之后乃至"新常态"下中国资源配置效率成为可能。此外,考虑到越来越多的实证研究发现,生产函数规模报酬递减的证据,本书还进一步突破了既有研究资源配置效率文献关于生产函数规模报酬不变的限定。

本书的主要发现有:(1)虽然中国全要素生产率持续增长,但是资源配置效率还相对较低,这集中体现在,1998—2013年资源配置扭曲导致中国全要素生产率平均下降42.7%;(2)纳入能源要素的研究发现,中国资源配置效率并未随着时间的推移而得到显著改善,具体而言,几乎与本世纪初出现的重工业膨胀同步,资源配置扭曲程度从2003年开始持续走高,2008年爆发的金融危机更是将资源配置扭曲推至最高点,危机期间资源配置扭曲程度比其他时期平均高了12个百分点,危机后的资源配置扭曲程度则比危机前高出7.6%;(3)虽然整体而言中国资源配置扭曲随时间推移没有显著改观,然而可喜的是,得益于经济结构的调整,经济发展进入"新常态"以来,资源配置扭曲开始出现相对较为明显的改善;(4)进一步的资源配置扭曲分解显示,地区间与部门间扭曲对总体资源配置扭曲的贡献率大体相当,分别为51.6%与48.4%;(5)资本、劳动、能源扭曲对总体资源配置扭曲的贡献率平均分别为43.8%、21.2%与36.1%,产品市场扭曲的贡献则不显著;(6)从变化趋势上来看,资本与劳动扭曲的贡献率呈下降趋势,产品市场扭曲的贡献率相对较为平稳,然而能源扭曲的贡献率却呈现明显的上升趋势,并且在金融危机后逐步超过资本成为中国资源配置扭曲的首要贡献者。

最后,关于本书研究结果需要说明的是,由于企业能源数据可得性的限制,以及2008年以后尤其是2010年工业企业数据库在企业层面上存在的质量问题,本书研究无法直接基于微观数据进行。然而随着企业能源数据可得性的增加与企业数据质量的改善,直接采用微观数据探讨纳入能源要素的中国资源配置效率问题是本书未来的拓展方向。

第五章 融资约束、企业效率韧性与
中国资源配置效率

第一节 问题的提出

一、研究动机

前文第三章与第四章着重探讨了中国资源配置效率的度量和测算问题,本章则进一步分析中国资源配置效率的影响因素。值得指出的是,给定技术前沿的条件下,资源配置效率等同于加总全要素生产率。采用结构模型推导得出的加总全要素生产率作为资源配置效率的代理变量也是文献的通常做法(Restuccia and Rogerson,2008;Hsieh and Klenow,2009;Brandt et al.,2013;Moll,2014;Midrigan and Xu,2014)。基于这一认识,本章在基于理论模型推导出加总全要素生产率表达式的基础上,对中国资源配置效率的影响因素进行分析。具体地,本章聚焦于融资约束对中国资源配置效率的影响。究其原因在于:

首先,改革开放以来,虽然中国经济取得了举世瞩目的成就,但资源配置效率却依然低下。已有文献普遍发现,融资约束降低了资源配置效率,从而成为羁绊中国经济运行效率提升以及经济可持续增长的重要障碍(张军和金煜,2005;石晓军和张顺明,2010;赵勇和雷达,2010)。

其次,尽管缓解融资约束的措施层出不穷,然而中国金融市场的发展却仍然疲软,相对于经济增长,中国在金融活动的规模、结构和效率等方面处于较低水平(李科和徐龙炳,2011;马光荣和李力行,2014)。图 5-1 显示,1998—2007年间融资约束状况并未显著改观。贷款产出比以及社会融资总额与产出的比

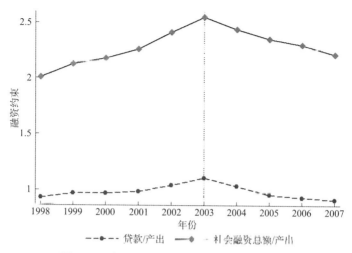

图 5‐1　中国融资约束动态演化（1998—2007）

例是衡量融资约束的常用指标，图 5‐1 绘制了这两项指标随时间变化的曲线图。从图中可以清晰地看出，虽然 1998—2003 年间融资约束有所缓解，但是随后却一度收紧，2007 年基本回到 1998 年的原始水平。无疑，金融发展缓慢彰显的是金融改革背后高昂的制度与经济成本，正如张军和金煜（2005）所直接指出的那样，虽然金融改革的重要性已被广泛地认识到，但是主要金融部门的改革依然缓慢而不完全，进而导致中国金融发展缓慢。

最后，一方面融资约束降低了中国资源配置效率，进而拖沓了经济运行效率的提升，必须采取措施加以应对；另一方面主要金融部门改革缓慢而不完全导致我国金融发展缓慢。有鉴于此，如何在金融发展缓慢、改革成本较高的前提下缓解融资约束对中国资源配置效率以及经济运行效率的负面影响也就自然成为了亟需回答的问题。

二、研究内容与创新之处

本章试图从融资约束、企业效率韧性与加总全要素生产率关系这一全新视角来探讨这一问题。所谓企业效率韧性可以理解为企业效率的持续性。本章采用两种方法刻画企业效率韧性：一是采用企业效率一阶自回归系数表示企业效率韧性，回归系数越大代表企业效率韧性越高，反之则反；二是采用企业效率连续两期落在特定区间的概率表示企业效率韧性。摩尔(2014)发现，面临融资约束的企业可能通过自我积累的方式来抵消融资约束的不利影响，而微观企业效率的韧性在这一过程中起着重要作用。背后的机理是，企业通过自我积累替代外部融资是一个过程，需要一定的时间，微观企业效率的韧性越高，其自我积累越有替代外部融资的空间，融资约束对企业的不利影响越可能被抵消，从宏观层面来看，融资约束对加总全要素生产率的负面影响也就下降了。摩尔(2014)从理论上论证了上述机制存在的可能性，那么这一机制在中国是否存在，则是本书尝试回答的问题。在中国金融发展相对缓慢、金融改革长期遇到阻力、收效甚微的背景下，这一问题的回答具有重大现实意义，即可以在一定程度上、一定时期内绕开成本高昂的金融改革而采用提高微观企业效率韧性这样间接且成本较低的手段来减缓融资约束的负面影响，这客观上也为金融改革腾出了空间。

研究融资约束对资源配置效率(或加总全要素生产率)的影响，需要首先测算或选取相关指标对其进行度量。虽然已有文献在选取角度和测算方法上不尽相同，但基本上都直接选取或测算，且所用到的数据多为宏观数据(卢峰和姚洋，2004；张军和金煜，2005；王兵和颜鹏飞，2007；涂正革，2008；Guariglia and Poncet，2008；赵勇和雷达，2010)。与已有文献不同的是，本书加总全要素生产率与融资约束指标由经济理论推导出结构表达式，且基于所推导的结构表达式采用微观数据构建而得到。基于经济理论推导的结构表达式进行计量分析，不但能够增加计量回归的经济含义，而且还可降低指标选取的主观性。此外，采用微观数据构造变量，能够通过除去异常值以及不符合会计准则的观测值来提高数据质量，进而增加回归结果的可信度，而如果忽略这些问题则可能对计量分析结果产生负面影响(聂辉华等，2012)。

此外，在研究融资约束与加总全要素生产率的关系时，鲜有文献关注微观企业特征或者这些企业所采取的应对策略。正如摩尔(2010)所指出的那样，面临融资约束的企业可能通过自我积累来抵消融资约束的不利影响。微观企业效率的韧性①在这一机制中起着重要作用。他进一步指出这是因为企业通过自我积累替代外部融资需要时间,微观企业效率的韧性越高,其自我积累越有可能替代外部融资,融资约束对企业的不利影响越可能被抵消。米德里根和徐熠(2014)直接从外债融资激励的角度考察了这一问题,指出效率韧性越高的企业进行外债融资的激励则越小,反映到宏观层面,则体现为融资约束对加总全要素生产率的影响越小。

值得指出的是,由于数据的限制,摩尔(2014)与米德里根和徐熠(2014)仅从理论的角度论述了上述机制存在的可能性,没能进一步地进行实证分析,在实证上能否观察到这一机制还是个尚未回答的问题;更重要的是,这两篇文献直接分析所有企业效率韧性对融资约束与加总全要素生产率关系的影响,均未对高、低效率企业的效率韧性进行区分;直观上讲,只有高效率企业效率的韧性越高,融资约束对加总全要素生产率的影响才越小,再加上我国企业效率异质性特征显著,因此,有必要对高、低效率企业进行区分。微观数据的可得性使得本书能够在实证上验证上述机制在我国是否存在。具体地,本书首先推导出关键变量的结构表达式,接着利用微观数据基于结构表达式对这些变量进行构造,进而在实证研究的基础上考察上述机制在我国是否存在,以期为减少融资约束对加总全要素生产率负向影响提供新的思路。

综上,本章研究从以下几个方面拓展了已有研究:首先,本章研究是首个基于结构表达式考察我国融资约束与资源配置效率关系的实证文献,基于经济理论推导出核心变量(加总全要素生产率与融资约束)的结构表达式,并在此基础上采用微观数据对核心变量进行构建,从而增强了计量回归模型的经济含义、降低了指标选取的主观性,使得结果更加准确;其次,本研究首次考察了我国微观企业效率韧性对我国加总全要素生产率与融资约束关系的影响,拓宽了

---

① 采用企业效率"一阶自回归"系数表示,回归系数越大代表企业效率韧性越高,反之则反。

国内文献研究加总全要素生产率与融资约束关系的框架;再次,本书在考察企业效率韧性对加总全要素生产率与融资约束关系的影响时,还进一步对高、低效率企业的韧性进行了区分,更加精确地识别了作用机制;最后,不同于已有文献建议通过缓解融资约束本身来降低融资约束对加总全要素生产率的负面影响,本书提出了缓解融资约束对加总层面全要素生产率负面影响的一个可能的新思路,这在我国金融发展相对缓慢、金融改革长期遇到阻力的背景下具有显著的意义。

第二节　理论分析框架

一、模型环境与设定

本章参照摩尔(2014)以及米德里根和徐熠(2014)的做法对理论模型进行设定。具体地,假设经济由存在异质性的企业所有者和同质工人组成,企业所有者的异质性体现在具有不同的生产效率 φ 和净资产 a 上;生产效率 φ 和净资产 a 在 t 期的分布分别为 $f_t(\varphi)$ 和 $g_t(a)$,二者在 t 期的联合分布函数为 $h_t(\varphi, a)$;企业所有者既是生产者也是消费者,且通过选择劳动和租用资本最大化自身的利润,同时将所得利润分配到消费和储蓄上以最大化终生效用;企业所有者在最大化利润时,面临融资约束。企业所有者的效用函数为:

$$\int_0^\infty e^{-\rho t}\log(c_t)dt \qquad (5-1)$$

其中, ρ 是时间贴现因子, c_t 为 t 期的消费。企业生产函数为:

$$y_t = (\varphi_t k_t)^a n_t^{1-a} \qquad (5-2)$$

其中, $a \in (0,1)$, k_t 为企业 t 期所租用的资本, n_t 为企业 t 期所雇用的劳动。那么,企业 t 期利润可以表示为:

$$\pi_t = (\varphi_t k_t)^a n_t^{1-a} - w_t n_t - (r_t + \delta_t)k_t \qquad (5-3)$$

w_t 为工资成本，r_t 和 δ_t 分别代表资本的租金率和折旧率。借鉴清泷和摩尔（Kiyotaki and Moore，1997）、摩尔（2014）以及米德里根和徐熠（2014）的做法，本书将企业所有者最大化自身利润时所面临的融资约束设定为：

$$k_t \leqslant \eta_t a_t \tag{5-4}$$

式（5-4）表示企业可得资本受到自身净资产的约束。其中，k_t 表示企业 t 期的资本，a_t 代表 t 期净资产。企业除了通过自身净资产 a_t 这种内部融资的方式获取生产所需的资本 k_t 之外，还通过外部融资的方式获取资本，因此，η 代表企业通过外部融资获取资本的能力的大小，从而衡量了企业所面临融资约束的大小。具体而言，η 越大表示企业面临融资约束越小，当 $\eta \to +\infty$ 时，企业没有面临融资约束；反之，当 $\eta = 1$ 时，企业不能进行外部融资，这时企业所面临的融资约束最大。企业所有者最优利润函数可表达为：

$$\pi_t^*(\varphi, a) = \underset{k_t, n_t}{\text{Max}}\{(\varphi_t k_t)^\alpha n_t^{1-\alpha} - w_t n_t - (r_t + \delta_t)k\} \tag{5-5}$$

式（5-5）的约束条件为式（5-4），那么，在进行消费（或储蓄）决策时，企业所有者所面临的预算约束则为：

$$\dot{a}_t = \pi_t^*(\varphi_t, a_t) - c_t + r_t a_t \tag{5-6}$$

对于工人而言，其效用函数与式（5-1）中企业所有者的效用函数相同，且通过向企业所有者提供劳动获得工资收入。为了简化分析，本书参照摩尔（2014）的做法，假设工人在每期都消费掉所有的工资收入，从而在模型中抽象掉了工人的储蓄行为。

二、利润最大化行为

企业所有者的利润最大化问题为[①]：

$$\underset{k, n}{\text{Max}}\pi = (\varphi k)^\alpha n^{1-\alpha} - wn - (r+\delta)k \tag{5-7}$$

---

① 为简化符号，该部分变量省略时间下标。

其约束条件为：

$$k \leqslant \eta a \tag{5-8}$$

若将拉格朗日函数定义为：

$$L = (\varphi k)^a n^{1-a} - wn - (r + \delta)k + \mu(\eta a - k) \tag{5-9}$$

那么，根据库恩-塔克(Kuhn-Tucker)条件，上述利润最大化问题的一阶必要条件为：

$$a\varphi(\varphi k)^{a-1} n^{1-a} - (r + \delta + \mu) = 0 \tag{5-10}$$

$$(1-a)(\varphi k)^a n^{-a} - w = 0 \tag{5-11}$$

$$\eta a - k = 0 \tag{5-12}$$

不同于摩尔(2014)采用经济理论直接得出模型的解，本书在得出上述一阶必要条件的基础上采用更为严谨的"试错法"求解模型，采用"试错法"求解上述问题的好处在于不容易遗漏模型的解。式(5-10)—式(5-12)的解为：

$$k^* = \begin{cases} \eta a & \varphi > \underline{\varphi} \\ 0 & \text{其他} \end{cases} \tag{5-13}$$

$$n^* = \begin{cases} \varphi[(1-a)/w]^{1/a}\eta a & \varphi > \underline{\varphi} \\ 0 & \text{其他} \end{cases} \tag{5-14}$$

将式(5-13)和式(5-14)代入式(5-3)可得企业所有者最优利润函数：

$$\pi^* = \text{Max}\{\varphi[w/(1-a)]^{(1-a)/a}\eta a - (r + \delta)\eta a, 0\} \tag{5-15}$$

三、消费(储蓄)行为

对于利润为正的企业所有者来说[①]，其消费(储蓄)行为可表述为：

---

① 根据前述设定企业所有者的消费全部来源于经营企业获得的利润，如果利润为 0，那么也就不存在消费行为，因此这里的分析排除了那些利润为 0 的企业所有者。

$$U^* = \underset{c}{\text{Max}}\left\{\int_0^\infty e^{-\rho t}\log(c)dt \quad s.t. \quad \dot{a} = \pi^*(\varphi, a) - c + ra\right\} \quad (5-16)$$

求解效用最大化问题可得：

$$\frac{\dot{c}}{c} = \frac{d\pi^*(\varphi, a)}{da} + r - \rho \qquad (5-17)$$

企业所有者最优消费（储蓄）决策由式(5-17)确定。由于企业利润 $\pi^*(\varphi, a)$ 是其净资产 a 的线性函数,结合式(5-6) $\dot{a} = \pi^*(\varphi, a) - c + ra$ 可知,企业所有者的消费 c 是 a 的线性函数,因此可用待定系数法求得 a 与 c 的确定函数关系。现假设 $c = \theta_1 + \theta_2 a$,将该式代入式(5-6)和式(5-17)整理可得：

$$c = \rho a \qquad (5-18)$$

将式(5-18)代入式(5-6)可得企业所有者的最优储蓄决策为：

$$\dot{a} = \pi^*(\varphi, a) - \rho a + ra \qquad (5-19)$$

根据式(5-15)企业的利润函数 $\pi^*(\varphi, a)$ 是其生产效率 φ 的增函数,那么,根据式(5-19)可得到如下性质：

性质1：企业所有者的储蓄（即净资产变化）$\dot{a}$ 是企业生产效率 φ 的增函数,用公式表达为 $\partial\dot{a}/\partial\varphi > 0$。

另外,由于假设工人在每期都消费掉所有的工资收入,因此储蓄行为从模型中抽象掉了。由于闲暇没有进入效用函数,工人将提供所有劳动。

四、资源配置效率与融资约束

若采用 Φ_t 代表 t 时期资源配置效率（加总全要素生产率）,根据式(5-13)与式(5-14)以及资本市场与劳动力市场均衡条件,资源配置效率可以表示为：

$$\Phi_t = \left[\frac{\int_{\underline{\varphi}}^\infty \varphi\omega_t(\varphi)d\varphi}{1 - \Xi_t(\varphi)}\right]^a \qquad (5-20)$$

由于本章的分析中技术前沿（企业效率 φ 的分布）是外生给定的,因此加总

全要素生产率 Φ 可以视作资源配置效率。其中，$\omega_t(\varphi) = \int_0^\infty (1/K_t)ah_t(\varphi, a)da$，可视为效率为 φ 的企业净资产占整体经济资产总额的比例，$\Xi_t(\varphi) = \int_0^\varphi \omega_t(\varphi)d\varphi$。那么，根据式(5-13)、式(5-14)以及资本市场均衡条件可以得到：

$$\eta_t[1-\Xi_t(\varphi)] = 1 \qquad\qquad (5-21)$$

式(5-21)表明 η 取值越高，$1-\Xi_t(\varphi)$ 越小；根据式(5-20)可知，如果 $1-\Xi_t(\varphi)$ 越小，Φ_t 越大；因此，η 越高，Φ_t 越大。总结以上分析，由式(5-20)与式(5-21)可得到如下性质：

性质2：资源配置效率 Φ 是 η 的增函数，$\partial\Phi/\partial\eta > 0$；由于 η 越大代表融资约束越小，加总全要素生产率 Φ 是 η 的增函数意味着融资约束的缓解将提高资源配置效率，或者说融资约束增加将降低加总全要素生产率。

值得注意的是，性质2是在给定企业净资产份额 $\omega_t(\varphi)$ 的条件下得出。融资约束 η 对加总全要素生产率 Φ 的影响还受到 $\omega_t(\varphi)$ 的影响，而 $\omega_t(\varphi)$ 与微观企业效率韧性采用企业效率"一阶自回归"的系数表示密切相关。其经济学直觉如下：根据性质1可知，企业储蓄是其生产效率的增函数，这样经济中的资源将被高效率企业获取，从而缓解了融资约束对加总全要素生产率的不利影响。然而，企业自我积累资本需要时间，上述机制的实现需要企业效率具有足够的韧性。企业效率韧性越高越可能进行资本的自我积累，融资约束对加总全要素生产率的不利影响也就越小。

为更清晰地从前述理论模型看出这一点，考虑企业生产效率为固定值这一特殊情形（这时企业效率的韧性最高），即 $\varphi_i(t) = \varphi_i$，其中 i 代表企业。在该种情形下，融资约束将不会对加总全要素生产率产生影响。这是因为根据性质1储蓄是生产率的增函数，生产率高的企业自我积累的速度永远快于生产率低的企业，随着时间的推移（当 $t \to +\infty$ 时），经济中的资源最终被生产效率为最高

值 φ 的企业获取,该企业所拥有的净资产占经济中总资产的份额,其他企业的份额为 0,该情形下资源配置达到最优状态,进一步由式(5 - 20)可知,融资约束将不会对 Φ 产生影响。摩尔(2014)通过假设微观企业效率分布服从特定马尔科夫过程,并采用数值方法考察了上述问题,同样发现了一个国家或地区微观企业效率韧性越高,融资约束对该国或者该地区加总全要素生产率影响越小的证据。需要指出的是,摩尔(2014)研究的是所有企业效率的韧性,并未对高、低效率企业进行区分。根据上述分析过程可以看出,企业效率韧性缓解融资约束对加总全要素生产率负向影响,重要的是高效率企业生产效率的韧性,即无论其他效率企业生产率韧性强弱,只要高效率企业效率韧性为固定值亦可得到融资约束将不会对加总全要素生产率产生影响。综上,可得到如下性质:

性质 3:融资约束对加总全要素生产率的负向影响随着微观企业效率,尤其是随着高效率企业效率韧性的增加而降低;当微观企业效率足够稳定时,融资约束则不会对加总全要素生产率产生影响。

式(5 - 20)识别了加总全要素生产率,为了方便下文计量分析,与加总全要素生产率 Φ 相对应,需要在宏观层面识别融资约束。融资约束 η 可以表示为:

$$\eta_t = \frac{K_t}{K_t - D_t} \tag{5 - 22}$$

其中,K 由微观企业实际资本加总得到;根据定义,D 由微观企业实际债务加总得到。直观上讲,若一个经济体的借债能力越强,该经济体受到的融资约束越小。式(5 - 22)意味着一个经济体 D 越高(借债能力越强),η 的取值越大(融资约束越小)。

第三节 计量模型设定

前述理论模型推导出了资源配置效率的结构表达式并讨论了其与融资约

束的关系。前述模型结果显示：(1)资源配置效率是融资约束的减函数，融资约束增加将导致加总 TFP 减少；(2)融资约束对加总 TFP 的负向影响随着微观企业效率，尤其是随着高效率企业效率韧性的增加而降低，当微观企业效率足够稳定时，融资约束则不会对加总 TFP 产生影响。为验证结果(1)，本书设定如下计量模型：

$$TFP_{it} = \alpha_0 + \alpha_1 \times FC_{it} + \Theta \times X_{it} + u_i + \mu_{it} \qquad (5-23)$$

其中，i 代表省，t 代表时间，TFP_{it} 表示加总全要素生产率（或资源配置效率），FC_{it} 衡量融资约束，为方便下文表述，本书设定 FC_{it} 越大代表融资约束越紧，X_{it} 是一系列可能影响加总全要素生产率的控制变量，u_i 代表地区固定效应，用来控制随个体而不随时间变化的不可观测因素，μ_{it} 是误差项。由于 FC_{it} 越大代表融资约束越紧，依据结果(1)可知，FC_{it} 的系数 α_1 预期显著为负。

结果(2)表明融资约束对加总全要素生产率的负向影响随微观企业效率韧性的增加而降低，为验证这一性质，本书在式(5-23)的基础上控制了表示企业生产效率韧性特征的变量以及这一变量与融资约束的交叉项：

$$TFP_{it} = \beta_0 + \beta_1 \times FC_{it} + \beta_2 \times PS_{it} + \beta_3 \times Cross_{it} + \Lambda \times X_{it} + u_i + \mu_{it}$$
$$(5-24)$$

其中 TFP_{it}、FC_{it}、X_{it}、u_i 以及 μ_{it} 与式(5-23)的含义相同。PS_{it} 表示企业生产效率韧性，$Cross_{it}$ 为融资约束 FC_{it} 与企业生产效率韧性 PS_{it} 的交叉项，即 $Cross_{it} = FC_{it} \times PS_{it}$。值得指出的是，根据笔者所掌握的实证文献来看，本书是第一个将企业生产效率韧性特征纳入融资约束与加总全要素生产率关系的研究。根据结果(2)可知，$Cross_{it}$ 的系数 β_3 预期显著为正。

由式(5-24)可知，融资约束 FC_{it} 对加总全要素生产率 TFP_{it} 的偏效应可以表示为 $\beta_1 + \beta_3 \times PS_{it}$。可见，融资约束对加总全要素生产率的偏效应随着 PS_{it} 变化而变化。本书除了关注融资约束对加总全要素生产率的影响如何随微观企业效率韧性的变化而变化之外,还尝试进一步回答在平均意义上(当 PS_{it} 取均值时)融资约束对加总全要素生产率的影响,为此本书在整理式(5 - 24)的基础上构建如下计量回归模型:

$$TFP_{it} = \beta_0 + \gamma_1 \times FC_{it} + \beta_2 \times PS_{it} + \beta_3 \times Cross_{it}^* + \Lambda \times X_{it} + u_i + \mu_{it}$$

$$(5 - 25)$$

其中,$Cross_{it}^* = FC_{it} \times (PS_{it} - \overline{PS_{it}})$,其他变量和参数的含义与式(5 - 24)相同。根据这一设定,回归结果中 FC_{it} 系数的估计值 $\hat{\gamma}_1$ 则给出了 PS_{it} 取均值时融资约束对加总全要素生产率的影响,即融资约束对加总全要素生产率平均偏效应的估计(为了更清晰地看出这一点,将 $Cross_{it}^*$ 代到式(5 - 23),并同时与式(5 - 24)进行比对,即可得 $\gamma_1 = \beta_1 + \beta_3 \times \overline{PS_{it}}$)。此外,$\hat{\gamma}_1$ 的方差则是这一平均偏效应估计值的方差。值得指出的是,虽然将 $\overline{PS_{it}}$ 以及式(5 - 24)所估计出的 β_1 和 β_3 代入 $\beta_1 + \beta_3 \times PS_{it}$ 能够得到融资约束对加总全要素生产率的平均偏效应的估计值,但却不能直接得到这一估计值的标准差,统计推断从而也就无从进行。采用式(5 - 25)进行计量回归的好处在于能够直接获取平均偏效应估计值的同时,获取这一估计值的标准差。

第四节　数据与变量构建

一、数据

本书采用 1998 年至 2007 年工业企业数据和 30 个省的面板数据进行实证研究。其中,工业企业数据库由国家统计局采集和维护,涵盖全部国有企业和所有规模以上(销售额在 500 万元以上)非国有企业,省级宏观数据来源为各年《中国统计年鉴》和《新中国 60 年统计资料汇编》。本书计量模型所涉及的微观层面原始数据包括企业代码、名称、所有制、成立年份、所在地信息、企业工业总产值、工业增加值、期末负债总额、固定资产原值、增值税以及雇用工人人数等;

宏观层面的原始数据包括省(自治区、直辖市)GDP 数据、GDP 平减指数、CPI 环比数据、进出口总额、美元计价的外商直接投资、人民币与美元的汇率、政府财政支出、科教文卫支出、固定资本形成总额以及高校在校生人数等。其中,工业企业数据库的处理参见本书第三章。

二、构建资源配置效率(加总全要素生产率)

根据式(5‐20),构建资源配置效率(加总全要素生产率)需要估算出微观企业生产效率。基于前文文献评述,本书采用 LP 方法作为估算企业效率的主要手段。此外,奥利和派克斯(1996)所提出的方法是现有文献估计企业效率的常用手段(Pavcnik,2002;Biesebroeck,2003;Blalock and Gertler,2004;聂辉华和贾瑞雪,2011;Brandt et al.,2012;鲁晓东和连玉君,2012;杨汝岱,2015),另外一些研究还采用劳动生产率度量企业效率(李志远和余淼杰,2013;孙浦阳等,2013)。有鉴于此,为使下文计量分析更加稳健,本书在构建核心变量的过程中还考虑了采用 OP 方法与劳动生产率衡量企业效率的情形。

根据式(5‐20),为构建资源配置效率,除需要估算微观企业的生产效率外,还需获取企业进入市场的生产效率下限。前述理论模型表明市场中企业效率分布应当存在"左删截"。为获取一省在不同年份企业进入市场生产效率下限,本书采用该省在不同年份位于生产率分布 5% 分位数以下企业效率的算术平均作为该地区在相应年份企业进入市场生产率下限的代理变量。①

另外,构建资源配置效率,还需要进一步确定资本产出弹性 α 的数值。本书通过采用 LP 方法估计企业全要素生产率获取各省(自治区、直辖市)资本系数的估计值,并将其作为资本产出弹性 α 代理变量。表 5‐1 显示了采用 LP 方法估算的省(自治区、直辖市)α 的估计值,结果表明采用 LP 方法测算的省(自治区、直辖市)资本产出弹性均值为 0.42,需要指出的是 LP 方法所估算的西藏

---

① 考虑到结果的稳健性,下文计量分析还考察了把位于生产率分布 10% 分位数以下企业效率的算术平均作为生产率下限的代理变量的情形。

资本产出弹性接近于 0,本书认为出现这一异常值的原因可能是西藏的样本企业较少(经处理后的样本仅有 847 家);当采用劳动生产率衡量 φ 并根据式(5-20)加总时,借鉴谢长泰和克莱诺(2009)以及布兰特和朱晓东(Brandt and Zhu,2009)的做法将资本份额 α 设定为 0.5。此外,式(5-20)中 K_t 由前文估算的微观企业实际资本加总而得到,a 为微观企业实际净资产总额。至此,即可识别出估计计量模型式(5-23)至式(5-25)的加总层面的全要素生产率。

表 5-1 中国各地资本份额

	地方代码	系数	标准误
北京	11	0.3972	0.0613
天津	12	0.5951	0.0233
河北	13	0.3162	0.0510
山西	14	0.5362	0.0947
内蒙古	15	0.4219	0.0555
辽宁	21	0.3870	0.0544
黑龙江	23	0.3570	0.0076
上海	31	0.6546	0.1156
江苏	32	0.3606	0.0110
浙江	33	0.4074	0.0301
安徽	34	0.3580	0.0465
福建	35	0.3010	0.0285
江西	36	0.3384	0.0212
山东	37	0.2697	0.0138
河南	41	0.4016	0.0105
湖北	42	0.3809	0.0348
湖南	43	0.2406	0.0171
广东	44	0.3251	0.0088
广西	45	0.5644	0.0504
海南	46	0.7055	0.0214
四川	51	0.3793	0.0318
贵州	52	0.4075	0.0080
云南	53	0.4846	0.2952

续表

	地方代码	系数	标准误
西藏	54	0.0000	0.1210
陕西	61	0.4010	0.0261
青海	63	0.8789	0.1368
宁夏	64	0.3640	0.0378
新疆	65	0.4788	0.1953

注：基于 LP 方法估计得出。

图 5-2 绘制了在 LP 方法估算出微观企业生产效率的基础上，利用结构表达式所构建的加总全要素生产率随时间变化趋势图，为了便于比较，图 5-2 还刻画了直接采用微观企业效率的算术平均衡量加总全要素生产率的情形。直观上看，基于结构表达式所构建的加总全要素生产率与直接采用微观企业效率算数平均所衡量加总全要素生产率具有相似的增长趋势，但是前者数值大于后者，且波动相对较大。根据前式(5-20)可知，这两点差异可能反映了不同地区微观企业权重(企业实际净资产总额占该地区企业实际净资产总额的比重)或企业生产率下限随着时间的变动。由此可见，直接采用算数平均所计算的加总全要素生产率并不能充分体现不同企业的重要程度，也未能刻画进入市场企业的生产效率下限对加总全要素生产率的影响。另外，就生产效率的增长率而言，本书基于 LP 方法、OP 方法以及劳动生产率构建的加总全要素生产率的平均增长率分别为 1.53%、3.24%、3.54%。值得指出的是，本书的这一结果与杨汝岱(2015)较为接近[1]，这进一步表明了本书估计结果的稳健性，也增加了下文分析的可信度。

---

[1] 杨汝岱(2015)对工业企业数据进行了细致的处理，并报告了采用 OP 测算的中国制造业整体全要素生产率平均增长速度为 3.83%。

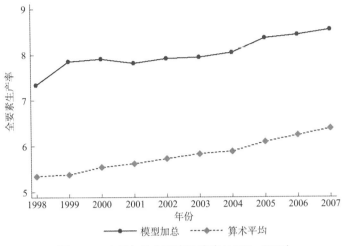

图 5-2　中国加总全要素生产率(1998—2007)

三、构建融资约束

　　融资约束是本节将要构建的核心变量。如前所述,不同于多数已有文献基于宏观数据对这一变量进行直接选取,本书融资约束变量由经济理论推导出结构表达式,再基于所推导的结构表达式采用微观数据整理而得到,这样不但增强了计量回归模型的经济含义,而且还可降低指标选取的主观性。具体而言,本书根据式(5-22)这一理论模型所推导出的结构表达式构建融资约束变量。工业企业数据库报告了固定资产原值账面价值与期末债务总额,这两个变量均为名义变量。由于固定资产原值是固定资产在不同年份购买的结果,债务也是不同年份积累的结果,价格因素并不能通过 $K/(K-D)$ 这一比值直接消除。为了得到 η 的精确值,本书首先得到企业资本与债务的实际值,然后在此基础上将实际资本与债务加总,最后根据式(5-22)构建融资约束变量。为得到实际资本,需要将历年购买的固定资产原值根据当年价格指数平减,但问题是数据中并无固定资产购买所对应的年份,鉴于此,本书采用如下方法估算企业实际资本:首先估算出企业开业年份(小于 1978 年,按 1978 年开业计算)到企业进入样本年份固定资产原值增长率,然后按照这一增长率倒推出企业开业年份以及从开业年份至第一次进入样本年份之间各年固定资产原值,并将推算出的固定资产原值按照珀金斯和罗斯基(2008)所构建的价格指数进行平减,然后利用永续盘存法得到企业第一次进入样本年份(基期)的实际固定资产原值。企业从进入样本到退出样本期间的实际固定资产原值通过将本期固定资产原值减去前一期固定资产原值,并采用珀金斯和罗斯基(2008)构建的价格指数进行平减得到。最后,在得到基期与进入样本后历年实际固定资产原值后,采用永续盘存法计算各年实际固定资产原值,进而得到历年实际资本存量。企业的实际债务也通过类似的方法估算得到。此外,本书删除了资本与资本债务之差比值小于 1 或者大于 100 这样不满足模型设定或者取值异常的企业观测值,然后对余下企业的实际资本与债务进行加总,最后根据表达式(5-22)求得 η。

如前所述,我国主要金融部门的改革缓慢而不完全,导致中国金融发展缓慢。那么本书基于结构模型构建的融资约束变量 η 是否能够体现这一点呢?图 5-3 绘制了 1998 年至 2007 年间 η 的动态演进图,可以看出这十年间 η 的值仅在 4.98 至 5.35 这样一个非常狭窄的区间内波动,大部分时期的数值与 5.2 非常接近,且从 1998 年的 5.35 略微下降到 2007 年的 5.01,融资环境不但没有改善似乎还略微收紧。图 5-3 一方面表明,本书基于结构模型所构建的融资约束变量与已有文献以及微观数据有着较好的契合,从而增加了下文分析的可信度;另一方面也表明,在中国金融发展长期缓慢的大背景下,探索缓解融资约束对经济影响新思路的必要性与迫切性。根据前文的设定,η 越大代表融资约束越小,为方便下文的描述,本书在计量分析部分采用 η 作为融资约束的代理变量。此外,鉴于采用社会融资总额与 GDP 之比来测度金融发展是文献的通常做法(张军和金煜,2005;赵勇和雷达,2010),同时考虑到与已有文献的可比性以及结果的稳健性,本书还采用社会融资总额占 GDP 比重的相反数来代表融资约束。

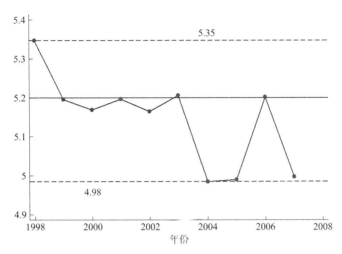

图 5‐3　中国融资约束 η 动态演进图（1998—2007）

四、构建企业效率韧性

微观企业效率的韧性是本书将要考察的另一核心变量。本书在估算出企业全要素生产率的基础上，在省级层面上对微观企业生产效率构建一阶自回归模型，即 $\varphi_t = c + \rho\varphi_{t-1} + \varepsilon_t$，并采用一省（市、地区）一阶自回归模型系数的估计值 $\hat{\rho}$ 作为该省（市、地区）企业效率韧性的代理变量。[①] 由于 $\hat{\rho}$ 表示企业效率自相关系数的估计值，因此，一省（市、地区）$\hat{\rho}$ 越大，那么该省（市、地区）企业效率韧性就越高。然而，采用这一方法可能出现小样本估计偏误以及所估算出的企业效率韧性不随时间变化这两个问题。具体而言，由于微观企业样本跨度只有十年，且样本数据为非平衡面板数据，采用一阶自回归模型所估计的系数表示企业效率韧性可能存在小样本偏误。尽管摩尔（2014）采用蒙特卡罗模拟方法对这一潜在的偏误进行了考察，认为这一偏误很小。然而考虑到下文回归结果的稳健性以及为了更准确地识别哪类企业的韧性对融资约束负向影响具有抵

---

① 摩尔（2014）采用这一方法衡量了智利与哥伦比亚企业效率的韧性。

消作用,本书还采用企业效率连续两期落在同一效率区间的概率来表示企业效率韧性。根据前述理论企业效率的韧性对融资约束负向影响的抵消作用主要是通过高效率企业效率的韧性实现的(效率越高的企业越有可能通过自我积累或其他措施应对抵消融资约束的影响),因此,本书采用效率落在高分位数区间(效率位于 90％分位数之上)的企业下期依然落在该分位数区间内的可能性来衡量一个地区微观企业生产效率的韧性。本书在数据中识别这一变量的具体做法是,采用效率连续两期落在高效率区间企业数量除以第一期该区间企业的数量得到。为进一步识别具体哪类企业效率的韧性对融资约束负向影响具有抵消作用,本书除了采用所有企业一阶自回归系数与效率连续落在高分位数区间的可能性作为企业效率韧性的代理变量之外,还采用效率连续落在较低分位数区间的可能性作为企业效率韧性的代理变量。

对于计量模型式(5-23)至式(5-25)中的控制变量 X 而言,本书选择了现有文献已识别的影响地区经济绩效的主要变量:外商直接投资占 GDP 的比重(FDI),采用这一变量衡量一省(市、地区)对外开放程度,使用该变量代表性文献有林毅夫和孙希芳(2008)以及汪锋等人(2006);财政支出与 GDP 比值(FE);人力资本(HC)与物质资本(PC),分别用平均每千人口高等学校在校生人数的对数和固定资产投资增长率表示(齐中英和邵帅,2008;林毅夫和孙希芳,2008)。表5-2表明了前述主要变量的定义。

表5-2　主要变量名称和定义

变量名称	变量定义
TFP	加总的全要素生产率
FC	融资约束
$PS1$	企业效率自相关系数的估计值
$PS2$	效率连续两期位于90％分位以上区间概率
$Cross1$	$FC \times Persistent1$

变量名称	变量定义
Cross2	$FC \times Persistent2$
HC	对数平均每千人口高等学校在校生人数
PC	固定资产投资增长率
FDI	外商直接投资占 GDP 的比重
FE	政府财政支出占 GDP 比重

第五节　计量结果与分析

一、基本计量回归结果

在前文数据处理和基于结构表达式构建核心变量的基础上,本节将对前述理论模型结果进行实证考察。具体而言,本节将考察融资约束是否显著地降低了加总全要素生产率;如果融资约束显著地抑制了加总全要素生产率的提升或降低了加总全要素生产率,那么这一影响是否如前述理论结果所言,随着微观企业效率韧性的增加而降低;并进一步识别究竟哪类企业效率的韧性对融资约束的负向作用具有抵消作用;此外,本书还尝试更进一步地考察,如果融资约束对加总全要素生产率的负向影响随着微观企业效率韧性的增加而降低,那么,平均而言,现阶段我国微观企业效率韧性是否能够足以抵消融资约束对加总全要素生产率的负向影响。

表5-3至表5-5分别对应报告了计量模型式(5-23)至式(5-25)的回归结果,其中,被解释变量基于 LP 方法估算的微观企业生产效率构建。具体而言,表5-3报告了计量模型式(5-23)的估计结果。表5-3中的模型(1)与模型(2)分别代表加入与不加入控制变量情形下,融资约束对加总全要素生产率的影响。表5-3的计量结果表明融资约束对加总全要素生产率具有负向影响,且在1%的显著性水平上显著,控制变量的变动并不改变融资约束对加总全

要素生产率的显著负向影响。这一发现也进一步印证了前述理论模型的结果。张军和金煜(2005)、赵勇和雷达(2010)均发现了金融发展有利于提升加总全要素生产率的证据,换而言之,发现了融资约束对加总全要素生产率提升具有抑制作用的证据。此外,HC 系数显著为正,意味着人力资本的增加也有利于加总全要素生产率的提高。

表5-3 计量模型式(5-23)的回归结果

	TFP	
	模型(1)	模型(2)
FC	−0.232 5***	−0.176 7***
	(0.037 0)	(0.031 8)
HC		0.017 0***
		(0.005 3)
PC		−0.076 7
		(0.254 1)
FDI		1.250 8
		(1.873 6)
FE		0.195 8
		(0.891 1)
常数项	1.264 9***	1.348 1***
	(0.192 0)	(0.196 4)
个体固定效应	是	是
时间固定效应	是	是
样本量	280	243
调整 R^2	0.039 4	0.044 3

注:括号中是标准误,*** $p<0.01$。

表5-4表明了计量模型式(5-24)的回归结果。其中,模型(1)和模型(2)采用一阶自回归模型系数的估计值作为企业生产效率韧性的代理变量;模型(3)和模型(4)采用企业效率连续两期落在高于90%分位数区间的可能性作为企业生产效率韧性的代理变量。此外,需要说明的是当采用一阶自回归模型

估计的系数表示企业效率韧性时,每个省(市、地区)的企业效率韧性是不随时间变化的固定变量,在计量回归模型式(5-24)中被个体固定效应吸收,因此表5-4中的模型(1)和模型(2)未单独包含企业效率韧性变量。表5-4稳健地显示,融资约束与企业效率韧性交叉项的系数基本都在1%的显著性水平上显著为正,这意味着融资约束对加总全要素生产率的负向影响随着微观企业效率韧性增加而降低,进而印证了前述理论模型结果。另外,从模型(1)和模型(2)可直观地看出,当微观企业效率韧性足够大(一阶自回归模型所估计的企业效率自相关系数接近1时),融资约束对加总全要素生产率基本不产生负向影响,这一发现亦与前述理论结果相吻合,从模型(3)和模型(4)也可以得到类似的结果。本书认为,这一结果为缓解融资约束对宏观经济绩效负向影响提供了新思路,即一省(市、地区)除了可以通过直接缓解融资约束来减缓融资约束对宏观经济绩效负向影响,还可以通过为企业创造稳定的经营环境提高本省(市、地区)微观企业效率的韧性这一间接方式来实现这一目标。

表 5-4　计量模型式(5-24)的回归结果

	TFP			
	模型(1)	模型(2)	模型(3)	模型(4)
FC	-0.8205	-1.4390^{**}	-0.6420^{***}	-0.4946^{***}
	(0.7358)	(0.6538)	(0.0638)	(0.0528)
$Cross1$	0.6840	1.4648^{*}		
	(0.8548)	(0.7578)		
$Cross2$			1.0297^{***}	0.8018^{***}
			(0.1578)	(0.1374)
$PS2$			4.8071^{***}	3.5756^{***}
			(0.8310)	(0.7123)
HC		0.0199^{**}		0.0096^{*}
		(0.0055)		(0.0055)
PC		-0.0771		-0.0732
		(0.2524)		(0.2345)

续表

	TFP			
	模型(1)	模型(2)	模型(3)	模型(4)
FDI		1.187 5		−1.431 3
		(1.861 8)		(1.736 5)
FE		0.294 1		0.898 3
		(0.886 8)		(0.816 7)
常数项	1.242 0***	1.223 9***	−0.615 8*	0.037 1
	(0.194 3)	(0.205 5)	(0.341 4)	(0.289 2)
个体固定效应	是	是	是	是
时间固定效应	是	是	是	是
样本量	280	243	252	216
调整 R^2	0.038 1	0.056 5	0.250 0	0.264 6

注：括号中是标准误，$* p < 0.1$，$** p < 0.05$，$*** p < 0.01$。其中模型(1)和模型(2)采用一阶自回归模型的系数作为企业生产效率的持续性的代理变量；模型(3)和模型(4)采用企业效率连续两期落在 90% 分位数之上的概率作为代理变量。

表 5-5 表明了计量模型式(5-25)的回归结果。其中，模型(1)—模型(4)与表 5-4 有着相同的解释。根据计量模型式(5-25)的设定，融资约束变量

表 5-5　计量模型式(5-25)的回归结果

	TFP			
	模型(1)	模型(2)	模型(3)	模型(4)
FC	−0.238 7***	−0.193 2***	−0.168 2***	−0.125 7***
	(0.037 8)	(0.032 8)	(0.039 9)	(0.035 8)
Cross1	0.684 0	1.464 8*		
	(0.854 8)	(0.757 8)		
Cross2			1.029 7***	0.801 8***
			(0.157 8)	(0.137 4)
PS2			4.807 1***	3.575 6***
			(0.831 0)	(0.712 3)
HC		0.019 9**		0.009 6*

	TFP			
	模型(1)	模型(2)	模型(3)	模型(4)
		(0.005 5)		(0.005 5)
PC		−0.077 1		−0.073 2
		(0.252 4)		(0.234 5)
FDI		1.187 5		−1.431 3
		(1.861 8)		(1.736 5)
FE		0.294 1		0.898 3
		(0.886 8)		(0.816 7)
常数项	1.242 0***	1.223 9***	−0.615 8*	0.037 1
	(0.194 3)	(0.205 5)	(0.341 4)	(0.289 2)
个体固定效应	是	是	是	是
时间固定效应	是	是	是	是
样本量	280	243	252	216
调整 R^2	0.038 1	0.056 5	0.296 1	0.264 6

注：同表 5 - 4。

FC 系数的估计值表示融资约束对加总全要素生产率的平均偏效应，即当微观企业效率韧性变量取均值时融资约束对加总全要素生产率的影响。结果显示该种情形下，融资约束对加总全要素生产率依然具有显著负向影响。这一结果表明在我国，虽然融资约束对加总全要素生产率的负向影响随着微观企业效率韧性的增加而降低，但是平均而言，我国微观企业效率的韧性还尚不足以抵消融资约束对加总全要素生产率的负向影响，亟需提高。

如前所述，微观企业效率的韧性对融资约束负向影响的抵消作用主要是由高效率企业的韧性驱动，为进一步验证这一机制，本书采用企业效率连续两期落在较低分位数区间内（70％分位数以下）的可能性作为企业生产效率韧性的代理变量。与预期一致，结果显示，该情形下微观企业效率的韧性对融资约束负向影响的抵消作用不再显著（表 5 - 6）。

表5-6 更换企业效率韧性度量方式结果

	TFP	
	模型(1)	模型(2)
FC	−0.3610***	−0.2909***
	(0.1029)	(0.0802)
Cross	0.1266	0.1109
	(0.2311)	(0.1833)
PS2	1.2288	0.8215
	(1.1318)	(0.8910)
HC		0.0160***
		(0.0059)
PC		0.0330
		(0.2597)
FDI		0.9304
		(1.8395)
FE		−0.3284
		(0.8665)
常数项	0.3146	0.7084*
	(0.5227)	(0.4144)
个体固定效应	是	是
时间固定效应	是	是
样本量	252	216
调整 R^2	0.1209	0.1284

注：企业效率韧性具体采用连续两期落在70%分位数之下的概率表示。括号中是标准误，* $p<0.1$，** $p<0.05$，*** $p<0.01$。

二、稳健性分析

由于全要素生产率可能影响融资约束，因此计量模型可能存在由"反向因果"而引起的内生性。基于经济理论推导出的结构表达式构建计量模型，在理论上降低了计量回归出现"反向因果"的可能性，进而在一定程度上缓解了内生性对回归结果的影响。然而，考虑到结果的稳健性同时为进一步克服内生性问题，参照张军和金煜(2005)的做法，在估计实证模型式(5-23)至式(5-25)，本书对随时间改变的解释变量作滞后一期的处理,以使这些解释变量成为被解释变量被观察到之前已经决定的变量。对应计量模型式(5-23)至式(5-25),表5-7至表5-9报告了所有解释变量取一阶滞后的回归结果。其中表5-7中的模型(1)、模型(2)与表5-5有着相同的解释,表5-8、表5-9中的模型(1)—模型(4)与表5-4、表5-5中的模型(1)—模型(4)有着相同的解释。观察表5-7—表5-9的回归结果发现,对随时间改变的解释变量滞后一期处理基本不影响模型回归结果,结果依然稳健,即融资约束显著降低了加总全要素生产率;微观企业效率韧性的提高有助于抵消融资约束对加总全要素生产率的负面影响(值得指出的是表5-8第一列融资约束与交叉项的系数虽然不显著但符

表 5-7 计量模型式(5-23)的回归结果(解释变量滞后一期)

	TFP	
	模型(1)	模型(2)
FC	−0.1970***	−0.1896***
	(0.0301)	(0.0329)
HC		0.0177***
		(0.0058)
PC		−0.1037
		(0.2572)
FDI		1.9348
		(1.8498)
FE		−0.0706
		(0.8707)
常数项	1.4742***	1.3167***
	(0.1567)	(0.2025)
个体固定效应	是	是
时间固定效应	是	是
样本量	252	216
调整 R^2	0.0555	0.0531

注:括号中是标准误,*** $p<0.01$。

号依然符合预期，系数不显著可能是遗漏变量产生的）；平均而言，我国当前微观企业效率的韧性还尚不足以抵消融资约束对加总全要素生产率的负面影响，微观企业效率韧性有待提高。

表 5 - 8　计量模型式(5 - 24)的回归结果(解释变量滞后一期)

	TFP			
	模型(1)	模型(2)	模型(3)	模型(4)
FC	−0.7966	−1.4022**	−0.4164***	−0.3415***
	(0.6098)	(0.6824)	(0.0522)	(0.0567)
Cross1	0.6967	1.4048*		
	(0.7078)	(0.7909)		
Cross2			0.6488***	0.4827***
			(0.1291)	(0.1474)
PS2			3.4714***	2.5288***
			(0.6795)	(0.7734)
HC		0.0202***		0.0117*
		(0.0060)		(0.0059)
PC		−0.1025		−0.1371
		(0.2557)		(0.2517)
FDI		1.8647		0.4720
		(1.8395)		(1.8634)
FE		0.0538		0.6391
		(0.8685)		(0.8764)
常数项	1.4464***	1.1959***	0.2981	0.5053
	(0.1592)	(0.2091)	(0.2791)	(0.3104)
个体固定效应	是	是	是	是
时间固定效应	是	是	是	是
样本量	252	216	252	216
调整 R^2	0.0554	0.0641	0.1495	0.1002

注：同表 5 - 4。

表 5 - 9　计量模型式(5 - 25)的回归结果(解释变量滞后一期)

	TFP			
	模型(1)	模型(2)	模型(3)	模型(4)
FC	−0.203 9***	−0.205 3***	−0.117 9***	−0.119 4***
	(0.030 9)	(0.033 8)	(0.032 6)	(0.038 4)
Cross1	0.696 7	1.404 8*		
	(0.707 8)	(0.790 9)		
Cross2			0.648 8***	0.482 7***
			(0.129 1)	(0.147 4)
PS2			3.471 4***	2.601 1***
			(0.679 5)	(0.764 4)
HC		0.020 2***		0.011 7*
		(0.006 0)		(0.005 9)
PC		−0.102 5		−0.137 1
		(0.255 7)		(0.251 7)
FDI		1.864 7		0.472 0
		(1.839 5)		(1.863 4)
FE		0.053 8		0.639 1
		(0.868 5)		(0.876 4)
常数项	1.446 4***	1.195 9***	0.298 1	0.505 3
	(0.159 2)	(0.209 1)	(0.279 1)	(0.310 4)
个体固定效应	是	是	是	是
时间固定效应	是	是	是	是
样本量	252	216	252	216
调整 R^2	0.055 4	0.064 1	0.149 5	0.100 2

注：同表 5 - 4。

　　另外,本书还采用社会融资总额占 GDP 比重的相反数衡量融资约束,并对核心计量模型式(5 - 24)进行回归,表 5 - 10 表明了回归结果。从表 5 - 10 中可以看出,虽然关键变量的显著性有所降低,但是这些变量的符号依然与预期相符,即在回归模型中融资约束的系数仍旧为负(融资约束对加总全要素生产率具有负向影响),融资约束与企业效率韧性变量交叉项的系数为正(融资约束对加总全要素生产率的负向影响随着企业效率韧性的提高而降低）。关键解释变量的显著性有所降低可能是由于融资约束基于宏观数据构建，而被解释变量加总全要素生产率是基于微观数据构建。

表 5‐10　计量模型式(5‐24)的回归结果(更换融资约束指标)

	TFP			
	模型(1)	模型(2)	模型(3)	模型(4)
FC	−0.239 56	−0.352 7	−0.044 0	−0.045 1
	(2.262 4)	(1.974 9)	(0.097 2)	(0.079 1)
Cross1	2.757 7	0.392 3		
	(2.609 7)	(2.278 8)		
Cross2			0.108 6	0.169 7
			(0.252 8)	(0.234 8)
PS2			0.046 4	0.184 1
			(0.770 3)	(0.675 4)
HC		0.012 9***		0.015 6*
		(0.005 8)		(0.007 1)
PC		−0.330 8		−0.300 3
		(0.274 2)		(0.295 5)
FDI		1.205 8		1.440 5
		(2.038 3)		(2.113 8)
FE		1.340 9		0.844 4
		(1.047 5)		(1.081 4)
常数项	2.359 7***	2.131 7***	2.438 2***	2.199 0***
	(0.135 1)	(0.213 4)	(0.317 9)	(0.312 9)
个体固定效应	是	是	是	是
时间固定效应	是	是	是	是
样本量	275	239	248	213
调整 R^2	0.055 4	0.064 1	0.149 5	0.100 2

注：括号中是标准误，* $p<0.1$，*** $p<0.01$。其中模型(1)和模型(2)采用一阶自回归模型的系数作为企业生产效率的持续性的代理变量；模型(3)和模型(4)采用企业效率连续两期落在 90% 分位数之上的概率作为代理变量。

前述计量回归中的被解释变量均基于 LP 方法估算的企业生产效率构建，如前所述，考虑到 OP 方法是文献估计企业效率常用方法（毛其淋、盛斌，2013；杨汝岱，2015），以及一些文献选取劳动生产率度量企业效率（李志远和余淼杰，2013；孙浦阳等，2013）。结果显示，这两种情景下，融资约束对加总全要素生产率影响的负向影响小于采用 LP 方法估算的企业生产效率构建被解释变量的情形，这一结果与文献中采用 LP 方法估算的企业生产效率大于劳动生产率以及 OP 方法所估算的企业生产效率一致。虽然这两种情形下融资约束对加总全要素生产率的影响有所降低，但是影响程度仍然统计显著。另外，这两种情形下，融资约束对加总全要素生产率的负向影响随着微观企业效率韧性增加而降低，当微观企业效率韧性足够大，融资约束对加总全要素生产率基本不产生负向影响，而且平均而言当前我国微观企业效率韧性还不足以抵消融资约束对加总全要素生产率的负向影响。

为获取特定地区在不同年份企业进入市场生产效率下限，前文采用该地区、在不同年份位于生产率分布 5% 分位数以下企业效率的算术平均作为该地区在相应年份企业进入市场生产率下限的代理变量，并在此基础上根据结构表达式(5-20)构建计量回归模型的被解释变量。考虑到结果的稳健性，本研究还采用 10% 分位数以下企业效率的算术平均作为企业进入市场生产率下限代理变量。结果显示，这一变化亦不改变前述基本计量回归结果。另外，西藏企业的样本较少，在估算其资本产出弹性时有可能存在偏误，为了进一步检验计量回归结果的稳健性，本书采用除去西藏之后的样本对计量模型式(5-23)至模型式(5-25)进行回归，回归结果显示估计参数的符号和显著性均没有明显变化。以上分析表明本书计量结果十分稳健。

第六节　小结：缓解融资约束影响的政策建议

在中国经济迈入"新常态"阶段，以往高投入、高耗能、高排放经济发展方式不可持续的大背景下,提高经济运行的效率势必成为未来撬动中国经济可持续发展的重要抓手。融资约束或者金融发展被视为影响资源配置效率最重要的因素之一而受到政府和学者们的广泛关注。本书旨在从理论和实证两个方面探讨融资约束对中国资源配置效率(或者加总全要素生产率)的影响,并首次考察了微观企业效率韧性对融资约束与中国资源配置效率关系的影响。研究发现,融资约束显著降低了中国资源配置效率,但融资约束对中国资源配置效率的负向影响随着微观企业效率韧性的升高而降低,当微观企业效率韧性提高到一定水平,融资约束对中国资源配置效率的负向影响甚至不再显著;此外,研究还发现,平均而言中国微观企业效率韧性还尚不足以抵消融资约束对中国资源配置效率的负向影响,微观企业效率韧性还有待提高。

以上结论的一个明显的政策含义是,除了可以通过直接缓解融资约束这一常规方法来减缓融资约束对资源配置效率负向影响外,还可以通过为高效率企业创造稳定的经营环境来提高这些企业效率的韧性实现这一目标。值得注意的是,在中国虽然金融改革的重要性已被广泛地认识到,但是主要金融部门(如银行部门)的改革依然缓慢而不完全,进而导致中国金融发展缓慢(张军和金煜,2005;陈诗一和陈登科,2016);本书图 5-1 与图 5-3 均显示,1998—2007 年这 10 年间我国金融发展缓慢、融资约束状况并无实质改善。显然,在我国金融发展相对缓慢、金融改革本身长期遇到阻力、收效甚微的背景下,通过类似于提高企业、特别是高效率微观企业效率的韧性这样的间接手段来减缓融资约束对宏观经济绩效负向影响有着不言而喻的重要意义。此外,本书发现高新技术行业企业效率韧性一般高于传统行业,因此除了给企业提供稳定的经营环境之外,政府出台政策促进产业结构优化升级也是提高企业,特别是高效率企业效率韧性的重要手段。

第六章　最低工资制度与中国资源配置效率

过去 30 年间,中国经济取得了令世界瞩目的高速增长,这一成就主要得益于资源重置带来的全要素生产率持续提高(易纲等,2003;Zhu,2012)。自改革开放以来,传统以国有经济为主体的一元公有制经济逐步演变为公有制为主体、多种所有制经济共同发展的经济制度。随着经济体制的变迁和所有制结构的变化,市场价格取代计划价格成为调控资源配置的主要手段,大大减小了产出的扭曲(龚关和胡关亮,2013)。同时,行政政策对要素市场的限制减弱,使得劳动、资本等生产要素从农业部门流向非农业部门,以及非农业部门内部的资源重置,大大降低了要素的扭曲(Zhu,2012)。正是由于要素市场和产品市场扭曲程度的不断改善,成就了过去很长一段时期中国经济增长速度遥遥领先于世界其他国家。尽管如此,众多研究表明中国的资源错配依然十分严重。例如,谢长泰和克莱诺(2009)指出,如果中国的制造业企业能够像美国那样配置资源,其全要素生产率可以再提高 30%～50%。

第一节　问题的提出

一、研究动机

作为劳动力市场管制的重要手段之一,以 1993 年《企业最低工资规定》的颁布为标志,中国开始尝试实施最低工资制度。特别是,2004 年《最低工资规定》的出台将最低工资制度推向全国范围,并要求最低工资每两年至少调整一次。面对最低工资上涨带来的劳动力成本增加,企业会根据这一外部冲击来调整其生产经营活动,从而引发资源在企业间的重新配置。结合中国的经济增长发展现状,一个自然而然的疑问是:最低工资制度的执行将如何影响中国的资源错配?上述关系在不同经济发展阶段、不同类型企业间是否存在显著差异?潜在的传导机制为何?

结合已有研究可知(Hsieh and Klenow,2009;聂辉华和贾瑞雪,2011;龚关和胡关亮,2013),当不存在资源错配时,不同企业的全要素生产率应相等。[①]基于这一视角,最低工资制度可能通过如下两条主要途径影响中国的资源错配:第一,最低工资提升通过"倒逼机制"使得保留在市场上的低效率企业主动提升生产率,以应对劳动力成本的增加(Acemoglu,2010;Mayneris et al.,2014;孙楚仁等,2013a、2013b;赵瑞丽等,2016;刘贯春等,2017),非对称效应的存在会使得企业生产率离散程度降低,从而有助于改善资源在企业间的配置状况;第二,最低工资提高带来的劳动力成本上升迫使低效率企业退出市场的概率增大,企业的进入和退出有助于形成良好的产业竞争,从而改善资源在企业间的误置(孙楚仁等,2013a、2013b;赵瑞丽等,2016)。

特别地,最低工资影响企业生产率的作用机制在于:第一,要素替代效应。最低工资制度的执行使得劳动力成本增加,要素相对价格的变化将引起企业调整要素投入决策,从而促使企业使用更多的资本对劳动进行替代(Stigler,1946;Flinn,2006;Giuliano,2013;丁守海,2010;马双等,2012;翁杰和徐圣,2015)。在内生经济增长模型中,人均资本存量上升带来的资本成本下降会不断刺激企业的研发行为,从而促进技术进步和创新(林炜,2013)。同时,最低工资标准提升改变了不同技能水平劳动力的相对价格,可能会增加对高技能劳动力的市场需求(Slonimczyk and Skott,2012;贾朋和张世伟,2013)。此外,最低

[①] 学界对资源错配还存在另一种认知:在企业生产率分布固定的情况下,社会资源(资本和劳动力)应更多流向生产率高的企业。两种看法的根本区别在于,前者属于理想状态,后者则是在企业生产率不完全相同的事实基础上对资源配置效率进行界定。对于中国而言,由于劳动力十分丰富且成本较低,低效率企业普遍存在于实体经济,在此从企业生产率离散程度来刻画资源错配的程度。

工资标准的上升可能会增加企业对员工的在职培训,从而提升劳动力的技能水平(Acemoglu and Pischke,2003)。第二,效率工资理论。为了保持工资的行为激励效应,厂商可能会刻意倾向于维持不同类型劳动力之间的工资差距,工资上涨可能会增加劳动力的工作积极性(贾朋和张世伟,2013)。当成本优势消失时,工资上涨将诱使企业主动进行技术改造和技术创新,从而在长期内会扩大生产可能性边界并提高其生产能力(Hicks,1963;Acemoglu,2010)。第三,心理攀比效应。最低工资标准提升增加低技能劳动力工资的同时,技能工出于攀比心理会要求增加高技能工的工资水平,企业家接受溢价要求以避免他们降低工作努力程度或辞职(贾朋和张世伟,2013)。同时,在完全竞争市场中,最低工资标准上升会降低就业率,此时工资水平处于临界值边界的劳动力存在紧迫感,由于担心被裁员带来的紧迫感会增加努力程度(Owens and Kagel,2010)。显然地,初始生产率水平越低,最低工资制度的上述"倒逼机制"越强,进而会对企业生产率产生非对称的影响。

二、研究创新

有鉴于此,本章利用1998—2007年工业企业数据库和248个地级市统计数据,实证检验了最低工资制度的执行及调整对资源错配的影响。进一步,将地理位置、企业所有制形式及是否存在出口行为作为子样本划分依据,探讨了最低工资制度对资源错配的影响在不同区域、不同类型企业的异质性。随后,利用微观企业数据考察了最低工资制度影响资源错配的传导机制,并比较在不同子样本中哪种机制更为重要。区别于以往研究,本章的主要贡献在于:

第一,现有关于最低工资制度的研究侧重于就业效应、工资效应和出口效应,如卡特和克鲁格(Card and Krueger,1994)、李(Lee,1999)、杜比等(Dube et al.,2010)、甘犁等(Gan et al.,2015)、马双等(2012)、孙楚仁等(2013a、2013b),同时关于资源错配的背后逻辑集中于资本市场不完善、政府干预等,如米德里根和徐熠(2014)、摩尔(2014)、谢长泰和克莱诺(2009)、聂辉华和贾瑞雪(2011)、靳来群等(2015)。据笔者所知,本章是首篇从资源错配视角理解最低工资经济效应的文献,有助于从全方位考查最低工资制度的政策效果。本章的实证结果显示,最低工资制度存在显著的资源错配改善效应,且在东、中、西三大区域呈现增强趋势。分样本估计结果显示,最低工资对国有企业和非出口企业的资源错配存在显著的积极作用,但对非国有企业和出口企业的资源错配不存在显著影响。

第二,从企业生存概率[①]和生产率提升的双重视角,本章讨论了最低工资制度如何改善资源错配,并比较两条作用机制的相对重要性,有利于从微观层面深入理解最低工资标准的上升对企业行为的影响。尽管这两条作用机制在现有文献中有所提及,如欧文和卡戈尔(Owens and Kagel,2010)、梅尼里斯等(Mayneris et al. ,2014)、孙楚仁等(2013a、2013b)、赵瑞丽等(2016)、刘贯春等(2017)等,但直接的经验证据十分匮乏,特别是最低工资对企业生产率的非对称作用。本书的检验结果证实,最低工资制度与企业生存概率、生产率存在显著的相关关系,且对不同生产率水平的企业存在非对称效应。

第三,本章结论表明最低工资制度存在显著的倒逼机制效应,尽管劳动力成本上升在短期内会造成就业率下降和企业向外转移,但从长期来看有助于中国经济的结构转型和持续增长,会推动"中国制造"向"中国创造"的转变。换言之,在制定最低工资标准时,需要兼顾其消极的和积极的经济效应。另外,本章的研究结论对于处于相同发展阶段的转型国家具有一定的借鉴意义和参考价值。

第二节 资源错配的测算框架及度量结果

一、资源错配的度量

沿袭经典文献的思路,本书采用企业效率离散度来刻画资源错配(Hsieh

---

① "低效率企业退出市场有助于改善资源配置"这一观点基于如下基本假定:企业退出市场后,能够将生产资料及时转移到其他有效率的企业。然而,是否及如何转移需要建立在社会福利最大化的分析框架之下,本章未能在该方面做出突破贡献,而是从企业生存概率和生产率提升两个视角提供了最低工资影响资源错配的作用机制。

and Klenow，2009；聂辉华和贾瑞雪，2011)，具体为：

$$RM = \sigma_{TFP} \qquad\qquad (6-1)$$

其中，RM 表示资源错配程度；σ_{TFP} 为企业全要素生产率的标准差。上式表明，不同企业间的生产率差异越大，该地区的资源错配程度越高。背后的理论逻辑在于：若市场不存在任何扭曲，资源将全部流向生产率最高的企业，所有其他低效率企业将被排挤出市场，此时 $\sigma_{TFP} = 0$；反之，随着市场扭曲的加剧，资源在异质性效率企业间自由流动受阻，低效率企业不能及时退出市场，导致企业生产率的标准差 σ_{TFP} 变大。

观察式(6-1)不难发现，度量资源错配的关键在于企业全要素生产率的测算，而究竟采用何种方式更为准确是一个具有争议的问题。结合已有文献，估算企业生产率的方法主要有：OLS(普通最小二乘)、FE(面板双向固定效应模型)、OP(Olley and Pakes，1996)及 LP(Levinsohn and Petrin，2003)等参数或半参数计量方法。同时，采用劳动生产率表示企业效率也是较为普遍的做法。就以上五种方法而言，OLS 与 FE 估计量存在联立性偏误与样本选择偏误；OP 方法通过采用投资作为不可观测技术冲击的代理变量以及在回归中控制企业生存概率缓解了这两种偏误，然而由于数据中投资变量缺失较为严重[1]，以及调整成本使投资不能根据生产率冲击平滑地进行调整，导致 OP 估计量亦可能出现偏差；LP 估计量采用中间投入作为不可观测生产率冲击的代理变量，较好地规避了 OP 估计量因采用投资作为代理变量而出现的问题。就本书而言，为准确地测度各地级市的资源错配程度，本书采用 LP 方法作为估算企业全要素生产率的主要手段。此外，考虑到结果的稳健性，本书还综合考察其他四种方法(OLS、FE、OP 以及劳动生产率)进行佐证。

二、数据处理

本书采用 1998—2007 年中国工业企业微观数据库构建资源错配指标。对

---

[1] 本书研究样本期间，投资变量数据的缺失率高达 36%。

该数据的处理过程参见本书第三章的第三节,这里不再重复介绍。

值得指出的是,由于工业企业数据库中企业编码存在重复、录入错误以及编码更迭等问题,给构建面板数据带来了挑战。借鉴布兰特等人(2012)的方法,本书构建了 1998—2007 年中国工业企业面板数据库。与布兰特等人(2012)的匹配结果相比,本书的匹配成功率略大,但二者并无显著差异。[1] 由于中国工业企业数据库未报告 2004 年工业增加值,本书采用"工业增加值=工业总产值-中间投入+增值税"来推算。对于资本存量而言,本书采用固定资产净值并基于永续盘存法进行估算。其中,采用工业企业数据库估算资本存量的难点在于初始资本存量的确定,在此参照布兰特等人(2012)确定样本初始年份的资本存量。值得说明的是,本书将企业工业增加值、中间投入等名义变量用各行业出厂价格指数(1998=1)进行折算,进而得到对应的真实值。

三、测算结果

结合不同的企业全要素生产率测算方法和资源错配度量公式(6-1),图6-1呈现了 1998—2007 年间中国不同区域和不同类型企业资源错配的动态演化趋势。显然地,尽管五种效率测算结果存在些许差异,但企业生产率的离散程度基本一致,在一定程度上验证了彼此之间的可替代性。[2] 对比不同子样本的资源错配程度可知:第一,东部地区的资源错配程度最低,依次是中部和西部,且三者均呈现快速下降趋势。同时,随着时间的推移,不同区域的资源错配程度呈现明显的收敛效应。第二,非国有企业的资源错配程度呈现缓慢的上升趋势,而国有企业的资源错配程度在 2004 年前保持不变并在此之后快速下降,同时国有企业的资源错配程度在样本期间一直高于非国有企业。第三,出口企业的资源错配程度在样本期间呈现稳定的态势,而非出口企业的资源错配程度快速下降,并在 2004 年后低于出口企业。上述结果充分表明,不同子样本的资

---

[1] 布兰特等人(2012)的匹配成功率为 84.8%,而本书的匹配成功率为 85.11%,两者相差仅为 0.31%。

[2] 无论是全要素生产率还是资源错配程度,五种测算结果的相关系数均高达 0.9 以上。

源错配呈现差异化模式。由此可以预期,在不同区域和不同类型企业中,最低工资对资源错配的影响理应存在异质特征,有必要加以区分。

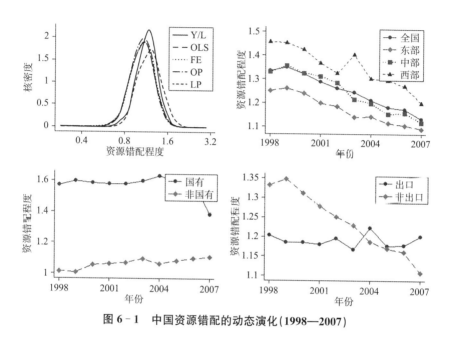

图 6-1　中国资源错配的动态演化(1998—2007)

第三节　模型设定、变量选取与典型事实

一、模型构建与估计方法

　　为分析最低工资制度是否改善了中国的资源错配,以资源错配作为被解释变量,地级市最低工资标准作为主要解释变量,并纳入控制变量以反映宏观经济和社会发展状况对资源错配的影响,构建如下面板模型:

$$LnRM_{it} = \beta_0 + \beta_1 LnMW_{it} + \beta_2 LnFDI_{it} + \beta_3 LnGC_{it} + \beta_4 LnFD_{it}$$
$$+ \beta_5 LnUD_{it} + \beta_6 LnEDU_{it} + \beta_7 LnTC_{it} + \alpha_i + \varepsilon_{it}$$

$$(6-2)$$

其中,i 和 t 分别代表地级市($i = 1$,…,251)和时期(1998—2007 年);RM 表示资源错配,具体细分为五种不同子指标,分别是与 OLS、FE、OP、LP 测算的全要素生产率及劳动生产率相对应的资源错配指标;MW 为最低工资标准。进一步,选取六个控制变量,具体包括资本开放 FDI、政府干预 GC、金融深化 FD、城市化率 UD、人力资本 EDU 和道路交通 TC。此外,α_i 表示个体固定效应,以控制地级市不可观测的固有特征;ε_{it} 表示随机误差项,并服从均值为零的独立正态分布。作为本书的关注重点,β_1 刻画了最低工资制度对资源错配的影响。若 β_1 显著为负,说明最低工资标准的提升有助于改善中国的资源错配;若 β_1 显著为正,说明最低工资标准的提升恶化了中国的资源错配;否则,最低工资制度对资源错配不存在显著影响。

关于面板模型的设定,存在混合效应、固定效应和随机效应三种情况。为确定恰当的模型设定形式,利用豪斯曼(Hausman)检验[①]和似然比检验进行确认,结果显示双向固定效应是合理的。进一步,根据《最低工资规定》要求,各地在调整最低工资标准时,应参考当地最低生活费用、经济发展水平、就业状况等因素,因而资源错配可能对最低工资产生反向作用。具体而言,当资源错配得到改善时,经济增长加速,社会失业减少的同时会促进消费,地方政府的最低工资制定必定受到影响。此外,现实中经济变量多为非平稳序列,传统最小二乘估计(OLS)难以解决变量之间的内生性问题。因而,上述计量模型可能存在双向因果关系。为解决模型潜在的内生性问题,本书采用两种方法:第一,利用省内其他地级市最低工资标准的均值作为工具变量[②],进而采用两阶段最小二乘估计(2SLS)进行参数估计;第二,纳入被解释变量的滞后一期构建动态面板模型,从而利用所有变量的滞后 1～2 期作为工具变量,运用系统广义矩方法(GMM)进行参数估计。

———————————

① 在面板数据分析中,豪斯曼检验用于判断使用随机效应模型还是固定效应模型。

② 本书还采用与各地级市相邻的地级市最低工资的平均值作为另一种工具变量,估计结果差别不大。

二、变量选取与数据来源

结合现有文献,表6-1汇总了本书所涉及的变量及其度量方式。除资源错配指标(见本书上一节)外,其他变量的度量方式具体为:(1)最低工资制度 MW,采用地级市最低工资标准来度量,并采用消费者价格指数 CPI 折算至1999 年价格。(2)资本开放 FDI,选取外商直接投资占地区 GDP 的比重来衡量,以刻画资本外资流入对资源错配的影响。(3)政府干预 GC,利用地方政府财政支出占地区 GDP 的比重来表示,以揭示政府部门的市场干预行为对资源错配的影响。(4)金融深化 FD,选用金融机构贷款余额占地区 GDP 的比重来测度,以反映金融体系的信贷配置对资源错配的影响。(5)城市化率 UD,采用非农业人口占地区总人口的比重来度量,以控制城市化进程对资源错配的影响。(6)人力资本 EDU,选取每万人在校大学生数来衡量,以刻画地区人力资本改善对资源错配的影响。(7)道路交通 TC,利用客运量占地区总人口的比重来表示,以反映地区交通状况对资源错配的影响。

表6-1　变量选取及其度量方式

变量符号	基本定义	度量方式
RM	资源错配	企业生产率的离散程度
MW	最低工资制度	地级市最低工资标准
FDI	资本开放	外商直接投资/地区 GDP
GC	政府干预	地方政府财政支出/地区 GDP
FD	金融深化	金融机构贷款余额/地区 GDP
UD	城市化率	非农业人口/地区总人口
EDU	人力资本	每万人在校大学生数
TC	道路交通	客运量/地区总人口
EG	经济增长	人均真实 GDP 的增长率
$EXIT$	企业生存	保留市场为0,退出市场为1
TFP	企业生产率	企业全要素生产率(Y/L、OLS、FE、OP 及 LP)
HHI	行业集中度	利用营业收入计算的赫芬达尔指数

续表

变量符号	基本定义	度量方式
LEV	资产负债率	负债总额/总资产
ROA	资产收益率	净利润/总资产
STATE	是否为国有企业	国有企业为1,非国有企业为0
EXPORT	是否为出口企业	出口企业为1,非出口企业为0

进一步,在进行机制检验时,涉及到变量的度量方式具体为:(1)企业生存 EX,利用0~1虚拟变量来表示,当企业退出市场时赋值为1,否则赋值为0。(2)企业生产率 TFP,选取LP方法测度得到的全要素生产率来度量。(3)经济增长 EG,采用人均真实GDP的增长率来衡量,以刻画地区经济环境对企业生存概率和生产率的影响。(4)行业集中度 HHI,选用以销售收入估计的赫芬达尔指数来测度,以控制行业所在的市场结构对企业生存概率和生产率的影响。(5)资产负债率 LEV,利用负债总额占总资产的比重来表示,以刻画企业杠杆率对企业生存概率和生产率的影响。(6)资产负债率 ROA,采用净利润占总资产的比重来表示,以控制企业盈利能力对企业生存概率和生产率的影响。(7)是否为国有企业 $STATE$,利用0~1虚拟变量来刻画,当企业属于国有企业时赋值为1,否则赋值为0。(8)是否为出口企业 $EXPORT$,利用0~1虚拟变量来刻画,当企业存在出口行为时赋值为1,否则赋值为0。

本书选取1998—2007年的工业企业和251个地级市作为研究对象[①],共计130万个企业数据和1134个地级市观测值。由于西藏地区数据缺失过度且数据质量低下,未纳入回归样本。为刻画最低工资制度对资源错配在不同区域的异质性作用,依据地理位置将全样本划分为东、中、西三大区域。其中,东部地

---

① 考虑到工业企业数据库的数据质量,本书将研究区间确定为1998—2007年,但这并不会影响本书研究结论的一般性。正如张军等人(2017)给出的图1所示,最低工资标准仅在2004年《最低工资规定》和2008年《劳动合同法》后出现小幅波动,在1998—2015年间的其他时期均保持平稳增长。

区包括北京、天津、河北、上海、江苏、浙江、福建、山东、广东和海南共计 10 个省
（自治区、直辖市）；中部地区包括山西、内蒙古、辽宁、吉林、黑龙江、安徽、江西、
河南、湖北、湖南和广西共计 11 个省（自治区、直辖市）；西部地区包括重庆、四
川、贵州、云南、山西、甘肃、青海、宁夏和新疆共计 9 个省（自治区、直辖市）。在
数据获取层面，由于最低工资标准没有统一的数据来源，只能通过浏览当地政
府网站、政策法规和统计公报来获取，导致部分地级市的数据缺失。最终，本书
搜集到 251 个地级市的相关数据，占全国 334 个地级市的 74%，为此本书的研
究结论在一定程度上适用于全国范围。对于其他地级市宏观基础变量的选取，
主要来源于各地级市历年《统计年鉴》(1997—2008 年)，部分缺失的数据采用插
值法补充。同时，微观层面的基础变量均来源于统计局组织调查的工业企业数
据库(1998—2007 年)，且资源错配、企业全要素生产率及行业集中度 3 个指标
通过进一步测算得到。

三、典型事实分析

以利用 LP 方法测算的资源错配指标为例，图 6-2 汇总了不同区域层面下
最低工资制度与资源错配的关系。不难发现，无论是全国整体还是东、中、西三
大区域，最低工资与资源错配之间均存在明显的负相关关系。换言之，伴随着
最低工资标准的提升，不同区域的资源错配程度趋于下降，这些在一定程度上
表明，最低工资制度的执行对资源错配的改善至关重要。进一步，图 6-3 给出
了不同类型企业层面下最低工资制度与资源错配的关系。国有企业和非出口
企业 2 个子样本的资源错配与最低工资存在明显的负相关关系，而非国有企业
和出口企业 2 个子样本的资源错配与最低工资不存在明显的相关关系。这些
结果说明，最低工资制度的执行对不同类型企业的资源错配具有异质性的改善
作用，需要加以区别对待。不过，图 6-2 和图 6-3 只是初步的典型事实刻画，
为得到更可靠的研究结论，仍需进一步对影响资源错配的各因素进行综合考
虑，纳入同一框架进而分析最低工资制度的资源错配改善作用。

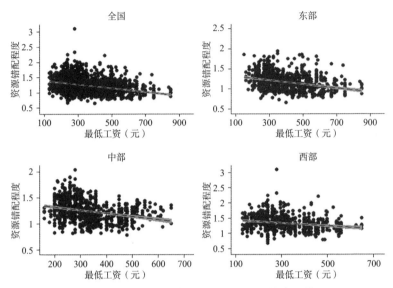

图 6－2　中国最低工资制度与不同区域的资源错配

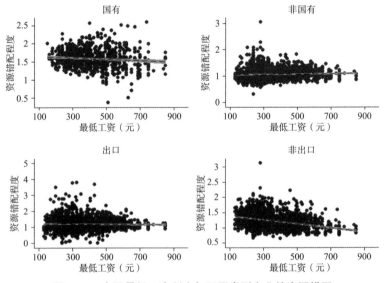

图 6－3　中国最低工资制度与不同类型企业的资源错配

第四节 实证分析

一、全样本估计结果

利用 1998—2007 年的 248 个地级市非平行面板数据,分别以 5 种不同的资源错配指标作为被解释变量,表 6-2 表明了最低工资制度对资源错配的整体影响。不难发现,无论采用何种资源错配度量方式,最低工资的回归系数均

表 6-2 最低工资制度对资源错配的整体影响

变量	RM1	RM2	RM3	RM4	RM5
MW	−0.1175***	−0.1187***	−0.1089***	−0.1113***	−0.0649***
	(0.0221)	(0.0220)	(0.0220)	(0.0200)	(0.0197)
FDI	−0.0010	−0.0012	0.0013	−0.0030	−0.0024
	(0.0044)	(0.0044)	(0.0044)	(0.0040)	(0.0040)
GC	−0.1241***	−0.1224***	−0.1226***	−0.0993***	−0.0935***
	(0.0232)	(0.0231)	(0.0231)	(0.0210)	(0.0207)
FD	0.0913***	0.0932***	0.0789***	0.1061***	0.0718***
	(0.0223)	(0.0222)	(0.0222)	(0.0202)	(0.0199)
UD	−0.0113	−0.0076	−0.0071	0.0227	−0.0164
	(0.0430)	(0.0429)	(0.0428)	(0.0389)	(0.0384)
EDU	0.0249**	0.0249**	0.0240**	0.0222**	0.0249**
	(0.0112)	(0.0112)	(0.0112)	(0.0102)	(0.0100)
TC	0.0301*	0.0301*	0.0308**	0.0250*	0.0321**
	(0.0155)	(0.0154)	(0.0154)	(0.0140)	(0.0138)
Cons.	0.2741*	0.2939*	0.2337	0.4650***	0.0816
	(0.1657)	(0.1652)	(0.1648)	(0.1499)	(0.1481)
个体	是	是	是	是	是
时间	是	是	是	是	是
N	1134	1134	1134	1134	1134

注:RM1—RM5 分别表示由 OLS、FE、OP、LP 和劳动生产率测算的资源错配程度;*、**、*** 分别表示通过 10%、5%及 1%的显著性检验;括号内数值为标准误;N 表示样本量。

为负值,并通过 1% 的显著性检验。进一步,结合估计系数可知,最低工资标准的对数值每提高 1 个单位,资源错配程度降低 0.11 左右。这些结果充分表明,最低工资制度的执行有助于改善中国的资源错配。

进一步考察控制变量的回归系数可以看出,外商直接投资对资源错配具有改善效应,但在统计层面不显著。资本逐利性的本质使得外资更多流入高效率的生产部门或是垄断行业,尽管在一定程度上具有技术和管理模式的溢出效应,但并未显著改变企业生产率的分布。政府干预的回归系数显著为负,说明地方财政支出占 GDP 的比重提高,对资源错配有显著的改善作用。财政收入被政府部门用于基础设施建设、科学技术、教育等,而这些措施倾向于生产率低下的地区和生产部门,在一定程度上更有利于提升低效率企业的资源配置效率,从而促使企业生产率均等化。金融深化、人力资本和道路交通的回归系数显著为正,加剧了地区的资源错配程度。一方面,随着金融体系的持续发展,生产率较高的中小企业更容易获得信贷资金,进一步促使其生产率提升更快的同时,将导致其与国有企业和大型企业之间的生产率离散程度更大。另一方面,伴随着人力资本的提高和道路交通的改善,更多的资源流向发达城市和生产率高的生产部门,进而扩大不同企业之间的生产率差异。城市化率的回归系数为不显著的负,说明城市化进程的推进并未显著改善资源错配。伴随着农村剩余劳动力向城镇地区的转移,人口聚集产生的规模经济效应使得私人和公共投资的边际成本大幅下降,更大的市场需求和利润空间未明显改变企业生产率的分布。

二、分样本估计结果

图 6-2 和图 6-3 的典型事实表明,最低工资与资源错配的关系在不同分样本存在显著差异。接下来,依据地理位置和企业类型将研究样本划分为不同子样本,进而检验最低工资制度的资源错配改善效应在不同区域和不同类型企业的异质特征。

(1)最低工资制度与资源错配——区域差异视角。考虑到不同区域处于经济发展程度的不同阶段,市场化程度不同使得要素在企业间的自由流动和配置效率存在显著差异,有必要进一步深入探讨。同时,不同区域的企业对要素依赖亦存在区别,经济越发达,企业越倾向于资本密集型和技术密集型。观察不同区域的现实发展状况可知,东、中、西三大区域的发达程度和市场化进程依次减弱,且企业类型趋于隶属劳动密集型,故本书预期最低工资的资源错配改善效应在三大区域呈现增强趋势。表6-3至表6-5显示了不同区域最低工资制度对资源错配的影响。与全样本估计结果相一致的是,最低工资的回归系数

表6-3　最低工资制度对东部地区资源错配的影响

变量	东部地区				
	RM1	RM2	RM3	RM4	RM5
MW	−0.0841**	−0.0859**	−0.0854**	−0.0822***	−0.0304
	(0.0345)	(0.0343)	(0.0341)	(0.0299)	(0.0310)
FDI	0.0015	0.0028	0.0018	0.0098	−0.0119
	(0.0095)	(0.0094)	(0.0094)	(0.0082)	(0.0085)
GC	−0.1215***	−0.1177***	−0.1080**	−0.0800**	−0.0971**
	(0.0447)	(0.0444)	(0.0442)	(0.0387)	(0.0401)
FD	0.1519***	0.1503***	0.1447***	0.1279***	0.1313***
	(0.0347)	(0.0345)	(0.0343)	(0.0301)	(0.0312)
UD	−0.0462	−0.0411	−0.0462	0.0060	−0.0460
	(0.0536)	(0.0532)	(0.0530)	(0.0464)	(0.0481)
EDU	0.0139	0.0148	0.0124	0.0182	0.0073
	(0.0174)	(0.0173)	(0.0172)	(0.0150)	(0.0156)
TC	0.0418**	0.0424**	0.0416**	0.0374**	0.0352**
	(0.0177)	(0.0176)	(0.0175)	(0.0153)	(0.0159)
Cons.	0.0110	0.0397	0.0572	0.2918	−0.1682
	(0.2683)	(0.2662)	(0.2648)	(0.2321)	(0.2406)
个体	是	是	是	是	是
时间	是	是	是	是	是
N	460	460	460	460	460

注:同表6-1。

表 6 - 4   最低工资制度对中部地区资源错配的影响

变量	中部地区				
	RM1	RM2	RM3	RM4	RM5
MW	−0.127 6***	−0.124 7***	−0.120 6***	−0.094 8***	−0.089 6***
	(0.035 7)	(0.035 6)	(0.035 6)	(0.032 8)	(0.032 9)
FDI	−0.001 2	−0.001 6	0.001 9	−0.004 9	−0.002 8
	(0.007 2)	(0.007 2)	(0.007 2)	(0.006 6)	(0.006 6)
GC	−0.112 3***	−0.110 6***	−0.117 1***	−0.092 8***	−0.091 1***
	(0.036 9)	(0.036 8)	(0.036 8)	(0.034 0)	(0.034 0)
FD	0.087 9**	0.091 4**	0.073 8*	0.112 2***	0.056 6
	(0.039 7)	(0.039 6)	(0.039 6)	(0.036 5)	(0.036 6)
UD	0.020 7	0.017 5	0.037 9	−0.007 8	0.016 2
	(0.073 7)	(0.073 5)	(0.073 5)	(0.067 8)	(0.068 0)
EDU	0.063 1***	0.062 4***	0.067 3***	0.045 3**	0.049 9**
	(0.022 1)	(0.022 0)	(0.022 0)	(0.020 3)	(0.020 3)
TC	0.003 3	0.003 2	−0.000 4	0.011 3	0.031 9
	(0.032 4)	(0.032 3)	(0.032 3)	(0.029 8)	(0.029 8)
Cons.	0.336 6	0.324 7	0.300 5	0.301 3	0.192 7
	(0.293 3)	(0.292 5)	(0.292 7)	(0.270 0)	(0.270 5)
个体	是	是	是	是	是
时间	是	是	是	是	是
N	426	426	426	426	426

注：同表 6 - 2。

表 6 - 5   最低工资制度对西部地区资源错配的影响

变量	西部地区				
	RM1	RM2	RM3	RM4	RM5
MW	−0.146 0***	−0.152 9***	−0.125 6**	−0.175 7***	−0.070 2
	(0.054 8)	(0.054 8)	(0.054 6)	(0.050 2)	(0.047 7)
FDI	−0.000 9	−0.001 5	0.000 6	−0.004 9	0.002 0
	(0.008 8)	(0.008 8)	(0.008 8)	(0.008 1)	(0.007 7)

变量	西部地区				
	RM1	RM2	RM3	RM4	RM5
GC	−0.174 2***	−0.173 7***	−0.178 1***	−0.142 5***	−0.121 7***
	(0.048 0)	(0.047 9)	(0.047 8)	(0.044 0)	(0.041 8)
FD	0.002 8	0.003 7	−0.006 0	0.024 7	0.014 8
	(0.060 2)	(0.060 2)	(0.060 0)	(0.055 2)	(0.052 4)
UD	0.019 2	0.033 2	0.019 2	0.114 4	−0.044 1
	(0.134 9)	(0.134 8)	(0.134 3)	(0.123 6)	(0.117 5)
EDU	−0.001 0	−0.000 9	−0.003 9	0.002 5	0.011 8
	(0.021 9)	(0.021 9)	(0.021 9)	(0.020 1)	(0.019 1)
TC	−0.017 7	−0.017 6	−0.011 5	−0.018 8	−0.010 0
	(0.048 6)	(0.048 6)	(0.048 4)	(0.044 5)	(0.042 3)
Cons.	0.670 2*	0.735 4*	0.530 6	1.147 0***	0.235 6
	(0.396 8)	(0.396 6)	(0.395 3)	(0.363 8)	(0.345 6)
个体	是	是	是	是	是
时间	是	是	是	是	是
N	248	248	248	248	248

注:同表 6-2。

在东、中、西三大区域均在 1% 的统计水平下显著为负,且估计系数分别约为−0.08、−0.12 和−0.14。具体而言,最低工资标准的对数值每提升 1 个单位,东部、中部和西部的资源错配程度将分别降低 0.08、0.12 和 0.14。由此可知,最低工资制度的执行有利于缓解不同区域的资源错配,且该作用在东、中、西三大区域呈现增强趋势。上述结果在一定程度上反映出,最低工资制度的资源错配改善效应与经济发达程度存在负相关关系。究其原因在于,随着经济发展阶段越来越高,地方保护主义不断减少的同时经济开放度不断增大,地区经济的市场化程度不断加深。即发达地区企业之间的竞争机制较于落后地区更为完善,使得资源错配程度随着经济发达程度的提高趋于下降(图 6-1),最终导致最低工资制度对资源错配的积极作用在落后地区相对发达地区更为有效。

在控制变量层面,与全样本估计结果相同的是,资本开放和城市化率的回归系数在不同区域均未通过显著性检验。同时,政府干预的回归系数显著为负,但系数大小在东、中、西三大区域呈现增大趋势,因而地方财政支出的资源错配改善作用在经济落后地区更为有效,这一结果在一定程度上反映出政府宏观调控存在的必要性。不同于全样本估计结果的是,金融深化、人力资本和道路交通的回归系数在不同区域存在显著差异。其中,金融深化的资源错配加剧效应主要集中在东、中部地区,而在西部地区未得到体现;人力资本的资源错配加剧效应仅体现在中部地区,而东部和西部并不存在;道路交通的资源错配加剧效应仅存在于东部地区,在中、西部地区并未出现。

(2)最低工资制度与资源错配——不同所有制形式。考虑到不同所有制形式的企业生产效率和平均工资存在显著差异,最低工资的"倒逼机制"在国有企业和非国有企业之间理应存在异质性,需要进一步深入讨论。一般而言,国有企业的生产效率和平均工资要低于非国有企业,本书预期最低工资对国有企业资源错配的改善作用要强于非国有企业。依据企业实际控制人,将全样本划分为国有企业和非国有企业两大类,最低工资制度对两者资源错配的回归结果见表6-6至表6-7。不难发现,最低工资的回归系数在国有企业层面显著为负,但在非国有企业层面的负向影响并不显著。结合估计系数可知,最低工资标准的对数值每提高1个单位,国有企业的资源错配程度将下降约0.14。这些结果表明,最低工资制度的执行有利于改善国有企业的资源错配,但对非国有企业的资源错配不存在显著的改善效应。

进一步,对比控制变量在国有企业和非国有企业的回归系数可得:第一,政府干预在国有企业和非国有企业的回归系数均显著为负,且前者的估计系数绝对值大于后者,即政府的宏观调控对资源错配的改善效应在国有企业更为突出。第二,外资流入对国有企业的资源错配不存在显著影响,但对非国有企业的资源错配具有显著的改善作用。在现实中,政府部门偏向于维护国有企业的垄断地位,外商直接投资更多地集中在私人部门,企业之间的竞争程度加剧以

表 6-6　最低工资制度对国有企业资源错配的影响

变量	国有企业				
	RM1	RM2	RM3	RM4	RM5
MW	−0.1373***	−0.1446***	−0.1411***	−0.1558***	−0.0514
	(0.0447)	(0.0452)	(0.0492)	(0.0396)	(0.0454)
FDI	−0.0014	−0.0004	0.0019	−0.0007	−0.0138
	(0.0090)	(0.0091)	(0.0099)	(0.0080)	(0.0092)
GC	−0.1653***	−0.1642***	−0.1866***	−0.1415***	−0.1077**
	(0.0470)	(0.0475)	(0.0517)	(0.0416)	(0.0477)
FD	0.1330***	0.1345***	0.1445***	0.1430***	0.1218***
	(0.0451)	(0.0456)	(0.0496)	(0.0399)	(0.0458)
UD	0.0975	0.0980	0.0861	0.0894	0.0882
	(0.0870)	(0.0880)	(0.0957)	(0.0770)	(0.0884)
EDU	−0.0260	−0.0319	−0.0305	−0.0484**	0.0090
	(0.0228)	(0.0230)	(0.0250)	(0.0202)	(0.0231)
TC	0.0432	0.0415	0.0482	0.0235	0.1186***
	(0.0313)	(0.0317)	(0.0344)	(0.0277)	(0.0318)
Cons.	0.7873**	0.8865***	0.7472**	1.3222***	0.0163
	(0.3353)	(0.3393)	(0.369)	(0.2970)	(0.3408)
个体	是	是	是	是	是
时间	是	是	是	是	是
N	1134	1134	1134	1134	1134

注：同表6-2。

提高资源配置效率。第三,金融深化显著加剧了国有企业的资源错配,但在非国有企业不存在明显的作用。第四,人力资本和道路交通的资源错配加剧效应在非国有企业层面得到验证,但在国有企业层面并不存在。此外,城市化率对国有企业和非国有企业的资源错配均不存在显著影响。

表 6‑7　最低工资制度对非国有企业资源错配的影响

变量	非国有企业				
	RM1	*RM2*	*RM3*	*RM4*	*RM5*
MW	−0.035 3	−0.033 8	−0.033 0	−0.018 9	−0.022 3
	(0.023 1)	(0.023 0)	(0.023 1)	(0.020 9)	(0.020 2)
FDI	0.009 0*	0.009 3**	0.009 9**	0.010 1**	0.005 0
	(0.004 6)	(0.004 6)	(0.004 6)	(0.004 2)	(0.004 1)
GC	−0.075 5***	−0.072 7***	−0.079 6***	−0.046 8**	−0.060 7***
	(0.024 3)	(0.024 2)	(0.024 3)	(0.022 0)	(0.021 2)
FD	0.023 4	0.020 9	0.019 5	0.004 7	0.032 2
	(0.023 3)	(0.023 2)	(0.023 3)	(0.021 1)	(0.020 4)
UD	0.002 6	0.003 5	0.009 3	0.012 7	0.002 4
	(0.045 0)	(0.044 9)	(0.044 9)	(0.040 8)	(0.039 3)
EDU	0.033 5***	0.033 9***	0.030 1**	0.033 4***	0.032 0***
	(0.011 8)	(0.011 7)	(0.011 8)	(0.010 7)	(0.010 3)
TC	0.035 6**	0.035 9**	0.034 7**	0.035 2**	0.032 7**
	(0.016 2)	(0.016 1)	(0.016 2)	(0.014 7)	(0.014 1)
Cons.	−0.187 0	−0.188 1	−0.180 0	−0.106 9	−0.131 2
	(0.173 3)	(0.172 9)	(0.173 3)	(0.157 1)	(0.151 6)
个体	是	是	是	是	是
时间	是	是	是	是	是
N	1 134	1 134	1 134	1 134	1 134

注：同表 6‑2。

（3）最低工资制度与资源错配——是否为出口企业。考虑到不同出口类型的企业生产效率和平均工资存在显著差异，最低工资的倒逼机制在出口企业和非出口企业之间理应存在异质性，值得进一步深入研究。一般而言，出口企业的生产效率和平均工资要高于非出口企业，本书预期最低工资对非出口企业资源错配的改善作用要强于出口企业。按照企业是否存在出口行为，将全样本划分为出口企业和非出口企业两大类，表 6‑8 至表 6‑9 显示了最低工资制度对两者资源错配的回归结果。无论是采用何种资源错配度量方式，最低工资对非出口企业的回归系数均为负值,并通过1%的显著性检验,但在出口企业层面的回归系数为不显著的正值。由此可知,最低工资制度的执行仅有助于改善非出口企业的资源错配,但对出口企业的资源错配不存在显著影响。进一步结合估计系数可得,最低工资标准的对数值每提高1个单位,非出口企业的资源错配程度将下降0.12左右。

表6-8　最低工资制度对出口企业资源错配的影响

变量	出口企业				
	RM1	RM2	RM3	RM4	RM5
MW	0.0301	0.0346	0.0376	0.0846*	0.0019
	(0.0561)	(0.0528)	(0.0548)	(0.0458)	(0.0631)
FDI	0.0256**	0.0214*	0.0180	0.0110	0.0256*
	(0.0121)	(0.0114)	(0.0118)	(0.0098)	(0.0136)
GC	−0.1445**	−0.1317**	−0.1501***	−0.1196**	−0.1458**
	(0.0592)	(0.0558)	(0.0579)	(0.0484)	(0.0667)
FD	0.0924	0.0985*	0.0925*	0.1179**	0.0570
	(0.0570)	(0.0537)	(0.0557)	(0.0465)	(0.0641)
UD	−0.0716	−0.0746	−0.0624	−0.0960	−0.0412
	(0.1076)	(0.1013)	(0.1051)	(0.0879)	(0.1210)
EDU	0.0298	0.0264	0.0285	0.0125	0.0565*
	(0.0289)	(0.0272)	(0.0282)	(0.0236)	(0.0325)
TC	0.0277	0.0299	0.0276	0.0318	−0.0022
	(0.0389)	(0.0366)	(0.0380)	(0.0317)	(0.0437)
Cons.	−0.7368*	−0.7317*	−0.8203**	−0.8164**	−0.4902
	(0.4199)	(0.3956)	(0.4103)	(0.3430)	(0.4726)
个体	是	是	是	是	是
时间	是	是	是	是	是
N	1134	1134	1134	1134	1134

注:同表6-2。

表 6-9 最低工资制度对非出口企业资源错配的影响

变量	非出口企业				
	RM1	RM2	RM3	RM4	RM5
MW	−0.130 0***	−0.131 9***	−0.119 1***	−0.131 3***	−0.071 6***
	(0.024 0)	(0.024 0)	(0.023 7)	(0.022 5)	(0.021 8)
FDI	0.000 6	0.000 4	0.003 0	−0.001 5	−0.000 9
	(0.004 8)	(0.004 8)	(0.004 8)	(0.004 5)	(0.004 4)
GC	−0.125 1***	−0.123 3***	−0.124 7***	−0.098 3***	−0.092 1***
	(0.025 2)	(0.025 2)	(0.025 0)	(0.023 7)	(0.022 9)
FD	0.086 5***	0.087 1***	0.076 1***	0.089 7***	0.076 6***
	(0.024 3)	(0.024 3)	(0.024 1)	(0.022 8)	(0.022 1)
UD	−0.016 9	−0.015 0	−0.010 4	0.003 6	−0.009 8
	(0.047 2)	(0.047 2)	(0.046 7)	(0.044 3)	(0.042 9)
EDU	0.031 0**	0.031 0**	0.030 5**	0.027 7**	0.029 4***
	(0.012 3)	(0.012 3)	(0.012 1)	(0.011 5)	(0.011 1)
TC	0.037 6**	0.037 6**	0.037 4**	0.034 8**	0.044 9***
	(0.017 1)	(0.017 1)	(0.016 9)	(0.016 1)	(0.015 5)
Cons.	0.309 0*	0.328 9*	0.258 2	0.507 9***	0.095 1
	(0.179 9)	(0.179 9)	(0.178 0)	(0.168 8)	(0.163 3)
个体	是	是	是	是	是
时间	是	是	是	是	是
N	1 134	1 134	1 134	1 134	1 134

注：同表 6-2。

观察控制变量在出口企业和非出口企业的回归系数可得，外商直接投资加剧了出口企业的资源错配，但对非出口企业的资源错配不存在显著影响。人力资本和道路交通的回归系数仅在非出口企业层面显著为正，但在出口企业层面不显著，这些结果说明人力资本的提升和交通设施的改善并没有缓解而是加剧了非出口企业的资源错配程度，但对具有出口企业的资源错配不存在显著影响。政府干预和金融深化的回归系数均显著为正，即加剧了出口企业和非出口企业的资源错配。此外，城市化率的回归系数为负值，但未通过显著性检验，因而城市化进程的推进对于出口企业和非出口企业的资源错配并不存在明显的改善作用。

三、内生性问题讨论及解决

由于地级市最低工资与资源错配可能存在双向的反馈作用,即通过促进经济增长,资源错配程度较低的地区可能倾向于执行较高的最低工资标准。因而,模型内生性的存在使得上述结论可能存在偏误。为此,参照现有文献对工具变量的选取,本书主要采用如下三种方法:

第一,采用最低工资滞后一期作为对应的工具变量(孙楚仁等,2013b;赵瑞丽等,2016)。由于上一期最低工资一般与当期最低工资密切相关,满足相关性规定。同时,由于滞后一期最低工资水平的决策与当期资源配置状况无关,使其又满足与误差项不相关的假定。

第二,采用同一省份除该地区外其他地区的平均最低工资作为对应的工具变量(赵瑞丽等,2016;刘贯春等,2017)。考虑到同一省份内部在地理位置、要素禀赋、历史文化等经济社会因素较为类似,政府部门制定的最低工资水平相关性较高。加之,同一省份其他地方政府在制定最低工资标准时较少考虑本地单个企业的出口行为,对本地资源配置状况影响较小,满足外生性假定。

第三,借鉴巴蒂克(Bartik,1991)的做法,构造样本期间各城市最低工资的预测值作为对应的工具变量(Mayneris et al.,2014)。由于中国是中央地方分权制管理模式,最低工资标准的制定是由上而下进行的,规定各地区的最低工资标准应不低于当地平均工资的40%。一般来讲,国家层面的制定标准不受到个别地区的影响,因此以各地区平均工资的40%作为最低工资的工具变量是相对客观的。然而,考虑到各城市平均工资受到了同时期最低工资的影响,为此不能直接使用当期城市平均工资作为基准。梅尼里斯等人(Mayneris et al.,2014)选取各地平均工资的预测值作为城市平均工资的代理变量,具体操作步骤为:以滞后两期的除该城市以外其他城市的平均工资增长率乘以部门雇用份额的增长率作为平均工资的增长率,进一步预测未来两期的平均工资,构建公式为：

$$\text{predicted wage}_t^i = \sum_m \frac{L_{i,m,t-2}}{L_{i,t-2}} \times \frac{wage_{\setminus i,m,t}}{wage_{\setminus i,m,t-2}} \times wage_{i,m,t} \qquad (6-3)$$

其中，$wage_{\setminus i,m,t}$ 是除城市 i 之外其他城市行业 m 第 t 期的平均工资，$L_{i,k,t-2}$ 是城市 i 行业 m 第 $t-2$ 期的就业雇用总数；$L_{i,t-2}$ 是城市 i 第 $t-2$ 期所有行业的就业雇用总数。方程左边是城市 i 第 t 期平均工资的预测值，方程右边的第一项是城市 i 行业 m 第 $t-2$ 期的雇用份额，第二项是除城市 i 之外其他城市行业 m 平均工资在第 t 期和第 $t-2$ 期之间的增长率，第三项是城市 i 行业 m 的平均工资。在此基础上，本书选择平均工资预测值的 40% 作为最低工资的工具变量。

以 LP 方法得到的资源错配为例，本书采用 2SLS 方法对全样本情形下最低工资与资源错配之间的关系进行了再次估计，具体结果见表 6-10。不难看出，无论是采用何种工具变量，第一阶段的回归结果表明，F 统计量均满足工具变量的基本要求。进一步，第二阶段的回归结果一致显示，最低工资的回归系数在 1% 的统计水平下显著为负，这说明最低工资标准的提升有助于优化资源在企业间的配置，与表 6-2 的估计结果相一致。此外，在不同区域层面，最低工资有助于缓解不同区域的资源错配，且该作用在东、中、西三大区域呈现增强趋势，与表 6-3 至表 6-5 的估计结果相一致；在不同类型企业层面，最低工资显著改善了国有企业和非出口企业的资源配置状况，但对非国有企业和出口企业层面不存在显著影响，与表 6-6 至表 6-7 和表 6-8 至表 6-9 的估计结果相一致。

四、稳健性检验

为对上述结果的可靠性进行确认，在此采用资源错配的一种新度量方式，具体操作步骤为：先计算行业层面的资源错配程度，再根据不同行业总产出占城市总产出的比重作为权重进行加权，从而构建城市层面的资源错配程度。

表6-10　基于全样本的 2SLS 估计结果

变量	IV1: 滞后项		IV2: 同省其他城市均值		IV3: Bartik IV		系统GMM
	阶段一	阶段二	阶段一	阶段二	阶段一	阶段二	
IV	0.4886***		0.9920***		0.0160***		0.2265***
	(0.0299)		(0.0204)		(0.3020)		(0.0309)
MW		-0.0824***		-0.0706***		-0.0654***	-0.1029***
		(0.0222)		(0.0251)		(0.0215)	(0.0228)
FDI	-0.0173***	-0.0010	-0.0026	-0.0015	-0.0119*	0.0016	-0.0175***
	(0.0059)	(0.0044)	(0.0036)	(0.0049)	(0.0066)	(0.0043)	(0.0045)
GC	0.2724***	-0.0417	-0.0241	-0.0453	0.4387***	-0.0667***	-0.1157***
	(0.0353)	(0.0267)	(0.0239)	(0.0317)	(0.0376)	(0.0261)	(0.0233)
FD	-0.2967***	0.1149***	-0.0137	0.1260***	-0.4568***	0.1166***	0.0891***
	(0.0303)	(0.0234)	(0.0193)	(0.0259)	(0.0315)	(0.0229)	(0.0259)
UD	0.1274**	0.0361	-0.0225	0.0669	0.2369***	0.0200	-0.0748**
	(0.0566)	(0.0422)	(0.0427)	(0.0581)	(0.0622)	(0.0409)	(0.0327)
EDU	0.0958***	0.0070	0.0177*	0.0135	0.1286***	0.0143	0.0211*
	(0.0151)	(0.0115)	(0.0104)	(0.0143)	(0.0169)	(0.0113)	(0.0119)
TC	0.1044***	0.0231	-0.0079	0.0346*	0.1451***	0.0253*	-0.0012
	(0.0209)	(0.0158)	(0.0138)	(0.0188)	(0.0229)	(0.0153)	(0.0166)
Cons.	3.0734***	0.5269***	-0.1039	0.4104**	6.1010***	0.3199*	0.2408
	(0.2343)	(0.1713)	(0.1612)	(0.2033)	(0.1228)	(0.1672)	(0.1674)

续表

变量	IV1: 滞后项		IV2: 同省其他城市均值		IV3: Bartik IV		系统GMM
	阶段一	阶段二	阶段一	阶段二	阶段一	阶段二	
个体	是	是	是	是	是	是	是
N	1 134	1 134	1 134	1 134	1 134	1 134	1 134
R2	0.672 0		0.914 1		0.597 0		
F统计量	366.65		270.27		60.39		

注：系统 GMM 的工具变量为最低工资的滞后一期，且回归方程包括资源错配的滞后项，此表未显示。

　　表 6-11 表明了最低工资对经过行业加权的资源错配的估计结果,分别包括固定效应估计 FE 和以 Bartik IV 作为工具变量的 2SLS 估计。显然地,最低工资的回归系数在不同企业生产率测算方法下均显著为负,这说明最低工资标准的提升有助于改善资源在城市内企业间的配置程度,再次证实了表6-2 和表 6-10 的结论。此外,在不同区域和不同类型企业的估计结果与表6-3 至表 6-9 差别不大。综上,最低工资制度的执行具有改善资源配置的功能。进一步,直接以企业产值加权构建地级市的资源错配程度,实证结果依旧支持本书结论。另外,当将地级市平均工资直接纳入式(6-2)时,本书研究结论“最低工资有助于改善资源错配”并未改变,同时城市平均工资的回归系数亦显著为负。

　　需要注意的是,部分文献还采用最低工资占城市平均工资的比重作为实际最低工资的度量方式。不难发现,在 1998—2007 年间,实际最低工资并未呈现明显的上升趋势,但仅 2004 年《最低工资规定》的出台使得实际最低工资存在上升的跳跃。这些结果说明,最低工资的调整幅度整体而言要低于地级市平均工资的增长速度,且地级市平均工资的增长更多来自高技能水平的劳动力,即技能溢价呈现扩大趋势。此时,全样本的估计结果显示,实际最低工资的提升并未改善资源配置效率,两者反而呈现显著的正相关关系。这一结果表明,实际最低工资标准的提升加剧了资源在企业间的错配,似乎与理论预期相悖。究其原因,可能在于如下三点:第一,由于最低工资的覆盖范围不清楚,实际最低工资并未经过一定权重的调整;第二,城市平均工资的变化包含了最低工资的影响,即便是采用滞后期,也无法有效剔除干净;第三,实际最低工资的刻画的是工资结构的影响,而本书更类似于最低工资的规模效应。

表6-11 最低工资制度对行业加权资源错配的影响

变量	固定效应估计 FE					2SLS估计：Bartik IV	
	WRM1	WRM2	WRM3	WRM4	WRM5	WRM3	WRM4
MW	−0.0325***	−0.0310***	−0.0262***	−0.0193*	−0.0254**	−0.0268***	−0.0203*
	(0.0098)	(0.0098)	(0.0097)	(0.0103)	(0.0108)	(0.0097)	(0.0104)
FDI	−0.0017	−0.0017	−0.0010	−0.0018	−0.0028	−0.0015	−0.0022
	(0.0020)	(0.0020)	(0.0019)	(0.0021)	(0.0022)	(0.0020)	(0.0021)
GC	0.0072	0.0075	0.0071	0.0035	0.0035	0.0102	0.0058
	(0.0130)	(0.0129)	(0.0128)	(0.0136)	(0.0143)	(0.0134)	(0.0144)
FD	−0.0399***	−0.0376***	−0.0408***	−0.0121	−0.0533***	−0.0386***	−0.0113
	(0.0106)	(0.0105)	(0.0104)	(0.0111)	(0.0116)	(0.0107)	(0.0115)
UD	−0.0121	−0.0128	−0.0132	−0.0109	0.0131	−0.0182	−0.0152
	(0.0225)	(0.0224)	(0.0221)	(0.0236)	(0.0248)	(0.0225)	(0.0241)
EDU	−0.0058	−0.0061	−0.0048	−0.0068	0.0000	−0.0049	−0.0069
	(0.0057)	(0.0057)	(0.0056)	(0.0060)	(0.0063)	(0.0057)	(0.0061)
TC	0.0022	0.0028	0.0008	0.0106	0.0091	0.0015	0.0116
	(0.0083)	(0.0082)	(0.0081)	(0.0087)	(0.0091)	(0.0082)	(0.0088)
Cons.	1.2840***	1.2845***	1.2359***	1.3639***	1.2832***	1.2380***	1.3658***
	(0.0794)	(0.0789)	(0.0780)	(0.0832)	(0.0875)	(0.0795)	(0.0852)
个体	是	是	是	是	是	是	是
时间	是	是	是	是	是	是	是
N	2510	2510	2510	2510	2510	2008	2008

注：WRM1—WRM5 分别表示根据行业产值加权的 FE、OLS、OP、LP 和劳动生产率 Y/L 的资源错配度。

第五节 传导机制检验

一、检验策略

综上可知,最低工资制度的执行对资源错配存在显著的改善作用。那么,最低工资制度通过何种途径影响资源错配呢?在此,本书主要探讨如下两条机制:机制1,最低工资制度如何影响不同生产率的企业在市场中的生存概率;机制2,最低工资制度提升企业生产率的差异化模式。换言之,在不同生产率水平下,最低工资对企业生存状况和生产率的非对称作用。表6-12显示了1998—2007年间不同类型企业的退出比例和效率提升绝对值。不难看出,在研究样本期间,国有企业的市场退出率和效率提升水平整体而言要高于非国有企业,同时非出口企业的市场退出率和效率提升水平均高于出口企业。这些结果表明,上述传导机制在不同类型企业可能存在差异,需要进一步甄别。

为验证机制1,以企业的生存状况作为被解释变量,最低工资标准、企业前一期的生产率及两者的交互项为主要解释变量,并纳入地区、行业及企业的相关变量以控制其他因素的影响,构建如下面板模型:

$$EX_{jt} = \beta_0 + \beta_1 LnMW_{j, t-1} + \beta_2 TFP_{j, t-1} + \beta_3 LnMW_{j, t-1}$$

$$\times TFP_{j, t-1} + \sum_{k=4}^{10} \beta_k X_{jt}^k + \mu_j + \gamma_t + \varepsilon_{jt} \qquad (6-4)$$

其中,下标 j 代表企业;EX 为企业生存指标;TFP 为企业全要素生产率。同时,X 表示控制变量集合,共计7个指标,具体表现为:宏观层面的经济增长 EG 和资本开放 FDI,中观层面的企业所有制形式 $STATE$ 和出口类型 $EXPORT$、行业集中度 HHI 及微观层面的资产负债率 LEV 和资产收益率 ROA。此外,μ_j 和 γ_t 分别表示企业的个体固定效应和时期固定效应。

在式(6-4)中,β_1 刻画了最低工资制度对不同企业生存的共同影响;β_2 刻画了上一期的全要素生产率对企业生存的共同影响;β_3 刻画了在相同的最低工

表6-12 中国不同类型企业的退出比例和效率提升(1999—2007)

时期	退出市场比例				效率提升程度			
	国有	非国有	出口	非出口	国有	非国有	出口	非出口
1999	0.1325	0.1418	0.0989	0.1494	0.0068	0.0060	0.0093	0.0107
2000	0.1762	0.2057	0.1429	0.2105	0.0174	0.0134	0.0188	0.0215
2001	0.1249	0.1223	0.0781	0.1364	0.0211	0.0020	0.0008	0.0174
2002	0.1491	0.1177	0.0708	0.1414	0.0225	0.0135	0.0119	0.0220
2003	0.1734	0.1979	0.1187	0.2186	0.0395	0.0170	0.0148	0.0284
2004	0.2787	0.1787	0.1367	0.2108	-0.0028	-0.0011	-0.0106	0.0075
2005	0.0895	0.0772	0.0585	0.0860	0.0706	0.0325	0.0365	0.0367
2006	0.2597	0.0740	0.0522	0.1001	0.0391	0.0199	0.0219	0.0230
2007	0.1450	0.1343	0.0967	0.1485	0.1149	0.0214	0.0128	0.0316
均值	0.1699	0.1389	0.0948	0.1557	0.0366	0.0138	0.0129	0.0221

资标准下,最低工资制度对企业生存的影响是否随着企业生产率而变化。当β_3显著为负时,说明在面对同一最低工资要求时,低效率企业较于高效率企业更易退出市场。相应地,最低工资对企业生存概率的非对称影响可以表述为$\eta = \beta_1 + \beta_3 TFP_{j,\,t-1}$。此外,$\beta_k(k = 4,\cdots 10)$表示其他控制变量的影响。

进一步,为验证机制2,以企业生产率的增长量作为被解释变量,最低工资标准及其与企业前一期生产率的交互项为主要解释变量,并纳入地区、行业及企业的相关变量以控制其他因素的影响,构建如下面板模型:

$$\Delta TFP_{jt} = \beta_0 + \beta_1 LnMW_{jt} + \beta_2 LnMW_{jt} \times TFP_{j,\,t-1} + \sum_{k=3}^{9} \beta_k X_{jt}^k + \mu_j + \gamma_t + \varepsilon_{jt}$$

$$(6-5)$$

其中,Δ表示一阶差分项,控制变量X与式(6-4)相一致。类似地,β_1刻画了最低工资制度对不同企业生产率的共同影响;β_2刻画了在相同的最低工资标准下,最低工资制度对企业生产率的影响是否存在非对称作用。当β_2显著为负时,说明在面对同一最低工资要求时,低效率企业较于高效率企业的生产率改善更多。此时,最低工资对企业生产率的非对称作用可以表述为$\varphi = \beta_1 + \beta_2 TFP_{j,\,t-1}$。

二、最低工资制度与企业生存概率:低效率企业退出市场?

由于企业生存是用0~1虚拟变量来表示,在此利用Probit方法对式(6-4)进行参数估计,结果见表6-13至6-14。就整体层面而言,最低工资对企业生存的影响显著为正,且最低工资与企业生产率的交互项与企业生存显著负相关。同时,分样本估计结果显示,尽管最低工资及其与企业生产率交叉项的回归系数大小与整体估计结果存在一定差异,但仍旧通过1%的显著性检验,且作用方向未发生改变。这些结果充分表明,最低工资标准的提升迫使企业的劳动成本加大,从而增加企业退出市场的概率。更为重要的是,在相同的最低工资要求下,高生产率的企业保留在市场的概率较于低效率企业更大。因此,机制1得到经验分析的证据支持。进一步,对比分样本估计结果(纳入控制变

表 6-13 最低工资制度对全样本与国有、非国有企业生存概率的影响

变量	全样本		国有企业		非国有企业	
	EXIT	EXIT	EXIT	EXIT	EXIT	EXIT
L.MW	0.2650***	0.2544***	0.5232***	0.6584***	0.2038***	0.1688***
	(0.0048)	(0.0056)	(0.0146)	(0.0185)	(0.0053)	(0.0060)
L.TFP	0.2660***	0.2450***	0.5184***	0.5961***	0.2050***	0.1651***
	(0.0039)	(0.0044)	(0.0114)	(0.0137)	(0.0044)	(0.0048)
L.MW×L.TFP	−0.0461***	−0.0424***	−0.0942***	−0.1074***	−0.0352***	−0.0286***
	(0.0006)	(0.0007)	(0.0019)	(0.0023)	(0.0007)	(0.0008)
L.EG		0.0003***		0.0006**		0.0002*
		(0.0001)		(0.0002)		(0.0001)
L.FDI		−0.0154***		−0.0068		−0.0219***
		(0.0053)		(0.0415)		(0.0051)
L.HHI		0.0809		0.7685***		−0.1469
		(0.0892)		(0.2168)		(0.1022)
STATE		0.0164***				
		(0.0021)				
EXPORT		−0.0212***		−0.0340***		−0.0203***
		(0.0009)		(0.0056)		(0.0009)
L.LEV		−0.0001**		0.0000		0.0000
		(0.0000)		(0.0000)		(0.0001)

续表

变量	全样本		国有企业		非国有企业	
	EXIT	*EXIT*	*EXIT*	*EXIT*	*EXIT*	*EXIT*
L.ROA		0.0000		0.0000		0.0000
		(0.0000)		(0.0000)		(0.0001)
Cons.	−1.3618***	−1.6243***	−2.5384***	−3.3479***	−1.0458***	−1.1256***
	(0.0299)	(0.0330)	(0.0878)	(0.1121)	(0.0329)	(0.0359)
个体	是	是	是	是	是	是
时间	是	是	是	是	是	是
N	1714139	1321688	180979	128299	1533160	1193389

注：L 表示滞后一期值，下同(表 6 - 14 至表 6 - 19)。

表6-14 最低工资制度对全样本与出口、非出口企业生存概率的影响

变量	全样本		出口企业		非出口企业	
	EXIT	EXIT	EXIT	EXIT	EXIT	EXIT
L.MW	0.2650***	0.2544***	0.2195***	0.2152***	0.2433***	0.2429***
	(0.0048)	(0.0056)	(0.0088)	(0.0100)	(0.0062)	(0.0073)
L.TFP	0.2660***	0.2450***	0.1985***	0.1805***	0.2558***	0.2436***
	(0.0039)	(0.0044)	(0.0069)	(0.0075)	(0.0051)	(0.0059)
L.MW×L.TFP	−0.0461***	−0.0424***	−0.0340***	−0.0310***	−0.0449***	−0.0426***
	(0.0006)	(0.0007)	(0.0011)	(0.0012)	(0.0008)	(0.0010)
L.EG		0.0003***		−0.0002		0.0001
		(0.0001)		(0.0002)		(0.0001)
L.FDI		−0.0154***		−0.0478***		−0.0362***
		(0.0053)		(0.0053)		(0.0121)
L.HHI		0.0809		−0.3642**		0.2686**
		(0.0892)		(0.1784)		(0.1118)
STATE		0.0164***		0.0220***		0.0185***
		(0.0021)		(0.0041)		(0.0025)
EXPORT		−0.0212***				
		(0.0009)				
L.LEV	−0.0001**			0.0000		−0.0001**
	(0.0000)			(0.0001)		(0.0000)

续表

变量	全样本		出口企业		非出口企业	
	EXIT	*EXIT*	*EXIT*	*EXIT*	*EXIT*	*EXIT*
L.ROA		0.0000		0.0131***		0.0000
		(0.0000)		(0.0021)		(0.0000)
Cons.	−1.3618***	−1.6243***	−1.3925***	−1.1756***	−1.1841***	−1.2069***
	(0.0299)	(0.0330)	(0.0529)	(0.0631)	(0.0380)	(0.0452)
个体	是	是	是	是	是	是
时间	是	是	是	是	是	是
N	1714139	1321688	507294	402094	1206845	919594

量的情形)可得,最低工资对国有企业和非国有企业两者生存状况的非对称影响分别为 $0.66-0.11TFP$ 和 $0.17-0.03TFP$,而对出口企业和非出口企业两者生存状况的非对称作用分别为 $0.22-0.03TFP$ 和 $0.24-0.04TFP$。结合不同类型企业的生产率均值可知,面对相同水平的最低工资标准,国有企业较于非国有企业更易退出市场,同时非出口企业较于出口企业更易退出市场。[①] 原因在于,最低工资的提升使得低效率企业的劳动成本大幅增加,低水平的资本利润率不足以维持生产所需抑或低于资本拥有者的预期水平,同时低效率企业在产品市场中难以与高效率企业形成有效竞争,从而被动或主动退出市场。

在控制变量层面,经济增长对企业生存的影响显著为正,即企业退出市场的概率与经济增长存在正相关关系,这一结果似乎与理论预期相悖。究其原因可能在于,当经济增长较快时,会有更多的企业涌入市场,企业之间的竞争程度加剧,从而迫使企业生存概率降低。外商直接投资对企业生存的回归系数显著为负,说明外资流入有利于企业停留在市场。外商直接投资不仅为国内企业带来资本扶持,同时伴随而来的先进技术和管理模式提高了企业的竞争力,进而有利于企业生存概率的提高。行业集中度与企业生存在全样本层面不存在显著的相关关系,但在非国有企业、出口企业及非出口企业三个子样本的回归系数显著为负。这些结果在一定程度上表明,行业集中度越高,企业生存概率越大。可能的解释在于,行业集中度越高,其市场结构越隶属于垄断市场,企业由于有垄断定价权而获得超额利润,同时设置进入壁垒使得新企业难以进入该行业,从而生存概率较于竞争行业更大。所有制类型变量的回归系数显著为正,且出口类型变量的回归系数显著为负。这些结果说明,国有企业较于非国有企业具有更大的死亡风险,而出口企业较于非出口企业具有更高的生存概率。对

---

① 就本书而言,国有企业和非国有企业的全要素生产率均值分别为 5.47 和 6.47,出口企业和非出口企业的全要素生产率均值为 6.65 和 6.25。因而,最低工资对国有企业和非国有企业生存的平均影响为 0.06 和 -0.02,对出口企业和非出口企业生存的平均影响为 0.02 和 -0.01。

比不同类型企业的生产率可知,国有(非出口)企业的全要素生产率要低于非国有(出口)企业。同时,政府部门的"国退民进"改革,以及海外市场及其溢出效应给出口企业带来的种种好处,亦是造成国有企业和非出口企业的生存概率低下的原因所在。企业的资产负债率和资产收益率对其生存状况在多数情况下不存在显著的影响,反映出企业的生存概率与其自身经营状况的关系不够紧密,在一定程度上揭示了中国企业竞争环境的不完善。

三、最低工资制度与生产率提升:低效率企业改善更多?

为验证机制2的存在性,表6-15至表6-16体现了最低工资制度对企业生产率的回归结果。全样本估计结果发现,最低工资的回归系数为正值,最低工资与前一期企业生产率的交叉项与企业生产率增长量显著负相关,且均通过1%水平的显著性检验。同时,分样本估计结果显示,尽管最低工资及其与企业生产率交叉项的回归系数大小与全样本估计结果存在某种程度的差异,但回归系数的正负及显著性未发生改变。上述结果充分说明,在劳动力成本不断增加的前提下,企业将加大对研发力度的投入并想尽办法提高劳动力的努力程度,进而使得企业生产率得到改善。特别地,在相同的最低工资要求下,由于低效率企业面临的成本压力相对更大,上述激励动机更为强烈,从而最低工资对低效率企业的改善作用要大于高效率企业。为此,机制2得到实证结果的证据支持。

进一步,对比分样本估计结果(纳入控制变量的情形)可得,最低工资对国有企业和非国有企业两者生产率的非对称提升作用分别为 $0.86-0.13TFP$ 和 $0.89-0.13TFP$,而对出口企业和非出口企业的非对称提升作用分别为 $0.87-0.13TFP$ 和 $0.90-0.13TFP$。结合不同类型企业的生产率均值可知,面对同等水平的最低工资标准,国有企业的改善程度高于非国有企业,而非出口企业的改善程度高于出口企业。[1]原因在于,最低工资的提升将大幅增加低

---

[1] 最低工资对国有企业和非国有企业生产效率的平均提升作用为 0.15 和 0.05,对出口企业和非出口企业生产效率的平均提升作用为 0.01 和 0.09。此外,本书还采用了交互项形式对不同类型企业的差异进行验证,结果通过显著性检验,即显著差异的确存在。

表 6 - 15　最低工资制度对全样本与国有、非国有企业生产率提升的影响

变量	全样本		国有企业		非国有企业	
	ΔTFP	ΔTFP	ΔTFP	ΔTFP	ΔTFP	ΔTFP
MW	0.9351***	0.8841***	0.8855***	0.8586***	0.9490***	0.8923***
	(0.0077)	(0.0102)	(0.0250)	(0.0323)	(0.0082)	(0.0109)
$MW \times L.TFP$	-0.1315***	-0.1290***	-0.1288***	-0.1255***	-0.1333***	-0.1311***
	(0.0001)	(0.0002)	(0.0005)	(0.0006)	(0.0001)	(0.0002)
EG		0.0067***		0.0025***		0.0079***
		(0.0003)		(0.0008)		(0.0003)
FDI		0.0835***		0.6397***		0.0878***
		(0.0161)		(0.1141)		(0.0160)
HHI		-0.5996**		3.3985***		-1.5980***
		(0.2638)		(0.6975)		(0.2984)
STATE		-0.0344***				
		(0.0062)				
EXPORT		0.0990***		0.2023***		0.0871***
		(0.0032)		(0.0153)		(0.0032)
LEV		0.0046***		0.0048***		0.0034***
		(0.0002)		(0.0003)		(0.0005)
ROA		-0.0306***		-0.0213***		-0.0307***
		(0.0018)		(0.0036)		(0.0022)

续表

变量	全样本		国有企业		非国有企业	
	ΔTFP	ΔTFP	ΔTFP	ΔTFP	ΔTFP	ΔTFP
Cons.	-0.7211***	-0.0724	-0.3175**	-0.5042**	-0.0321	0.0014
	(0.0437)	(0.0660)	(0.1606)	(0.2053)	(0.0530)	(0.0704)
个体	是	是	是	是	是	是
时间	是	是	是	是	是	是
N	1402875	1125245	162271	115603	1240604	1009642

表 6 – 16 最低工资制度对全样本与出口、非出口企业生产率提升的影响

变量	全样本		出口企业		非出口企业	
	ΔTFP	ΔTFP	ΔTFP	ΔTFP	ΔTFP	ΔTFP
MW	0.9351*** (0.0077)	0.8841*** (0.0102)	0.8885*** (0.0155)	0.8741*** (0.0206)	0.9640*** (0.0093)	0.8992*** (0.0122)
$MW \times L. TFP$	-0.1315*** (0.0001)	-0.1290*** (0.0002)	-0.1302*** (0.0003)	-0.1291*** (0.0003)	-0.1352*** (0.0002)	-0.1323*** (0.0002)
EG		0.0067*** (0.0003)		0.0077*** (0.0006)		0.0061*** (0.0003)
FDI		0.0835*** (0.0161)		0.0125 (0.0174)		0.4258*** (0.0356)
HHI		-0.5996** (0.2638)		-1.0261** (0.4403)		-0.5816* (0.3288)
$STATE$		-0.0344*** (0.0062)		-0.0378*** (0.0135)		-0.0362*** (0.0073)
$EXPORT$		0.0990*** (0.0032)				
LEV		0.0046*** (0.0002)		0.3190*** (0.0065)		0.0038*** (0.0002)
ROA		-0.0306*** (0.0018)		-0.0667*** (0.0068)		-0.0245*** (0.0019)

续表

变量	全样本		出口企业		非出口企业	
	ΔTFP	ΔTFP	ΔTFP	ΔTFP	ΔTFP	ΔTFP
Cons.	-0.7211***	-0.0724	-0.3434***	0.1730	-0.1555***	-0.0674
	(0.0437)	(0.0660)	(0.0893)	(0.1342)	(0.0600)	(0.0780)
个体	是	是	是	是	是	是
时间	是	是	是	是	是	是
N	1402875	1125245	400667	323130	1002208	802115

效率企业的劳动成本,迫使企业主动进行要素替代或是引入先进的生产技术,"倒逼机制"的存在促使低效率企业改善更多。同时,结合不同类型企业的平均工资可知,国有企业的平均工资低于非国有企业,非出口企业的平均工资低于出口企业,从而使得非国有企业和出口企业对最低工资标准的提升相对不敏感,"效率工资"机制的作用较弱。[①]

对控制变量而言,外商直接投资、经济增长、出口类型及资产负债率的回归系数显著为正,有助于改善企业生产率。可能的解释在于:伴随着外资流入和产品出口,先进的生产技术及管理模式被引入国内并存在显著的溢出效应;地区经济环境越好,企业资产负债率越高,企业的融资约束较小,从而越有足够信贷资金进行技术改进和改造。不同的是,行业集中度(国有企业除外)、所有制类型和资产收益率的回归系数显著为负,不利于企业生产率的提高。一方面,国有企业的公有产权属性决定了其必然存在生产率和创新效率的双重损失,且受到政府部门偏向性政策的制度保护。另一方面,企业资本收益率高的原因可能正在于其高生产率,进一步改善的空间有限且难度较大,同时收益率高可能会使得企业管理者忽略技术研发的重要性。另外,垄断程度高的行业缺乏足够的动力从事科研以及引进先进的技术和管理模式,从而不利于企业生产率的提高。

四、机制 1 与机制 2:谁占据主导地位?

结合机制 1 和机制 2 的检验结果可知,最低工资制度通过增加低效率企业退出市场的概率和对企业生产率的非对称提升作用(与企业生产率水平显著负相关),使得企业生产率的离散程度整体上趋于减小,从而改善了企业之间的资源错配(表 6-2)。更为关键的是,上述机制在不同子样本的表现存在差异,从

---

① 事实上,企业生产率是决定其平均工资的重要因素,两者整体上呈现为正相关关系。就本书而言,两者的皮尔森相关系数为 0.37,且通过 1% 水平的显著性检验。此外,在 1998—2007 年间,国有企业、非国有企业、出口企业和非出口企业的平均工资(自然对数形式,单位为千元)依次为 1.97、2.44、2.59 和 2.31。

而使得最低工资制度对不同类型企业的资源错配造成异质性影响。在国有企业和非国有企业两个子样本中,机制 1 占据主导地位。[1] 较多低效率国有企业退出市场从而使得企业生产率的分布收紧,为此最低工资标准的提升改善国有企业的资源错配,而对非国有企业不存在显著影响(表 6-6 至表 6-7)。在出口企业和非出口企业两个子样本中,机制 2 占据主导地位。[2] 最低工资对非出口企业生产率的非对称提升作用强于出口企业,非出口企业生产率分布收紧的同时出口企业生产率的分布情况变化不大,从而改善了非出口企业的资源错配,但对出口企业不存在显著影响(表 6-8 至表 6-9)。此外,与全样本估计结果一致,在机制 1 和机制 2 的共同作用下,最低工资制度的资源错配改善效应在东、中、西三大区域呈现增强趋势(表 6-3 至表 6-5)。

五、进一步的讨论

(1)最低工资制度影响资源错配的作用机制:不同资源依赖型企业。尽管上述分析从所有制形式和出口类型两个细分层面考察了最低工资对资源错配的异质性影响,但这样的分类结果较为笼统,无法有效识别最低工资对不同资源依赖型企业的差异作用。事实上,作为影响劳动力要素投入的重要手段,最低工资对劳动密集型企业的影响应更强于资本密集型企业和技术密集型企业。正如上文表 6-3 所示,最低工资对西部地区资源错配的改善效应要强于东中部地区。在此,本书主要针对最低工资影响资源错配的作用机制进行考察。具体地,依据人均总资产将全样本划分为劳动密集型、资本密集型和技术密集型三大类。其中,分位数的前四分之一为劳动密集型企业,后四分之一为技术密集型企业,而中间部分为资本密集型企业。

---

[1] 对于全要素生产率低下的企业而言,最低工资对国有企业和非国有企业的效率提升作用相差较小,而国有企业退出市场的概率增加远大于非国有企业。结合国有企业的生产效率低于非国有企业可知,机制 1 在国有企业和非国有企业中占据主导地位。

[2] 对于企业全要素生产率水平的企业而言,最低工资对出口企业和非出口企业生存状况的影响相差不大,而非出口企业的效率提升作用明显大于出口企业。结合出口企业的生产效率略高于非出口企业可知,机制 2 在出口企业和非出口企业中占据主导地位。

表 6‑17 至表 6‑18 显示了最低工资对不同资源依赖类型企业的影响。不难发现,在企业生存概率层面,劳动密集型、资本密集型和技术密集型三类企业中最低工资的回归系数依次为 0.392 9、0.224 3 和 0.129 3,且通过 1% 水平的

表 6‑17　最低工资制度对不同资源依赖型企业生存概率的影响

变量	企业生存概率 $EXIT$		
	劳动密集	资本密集	技术密集
$L.MW$	0.392 9***	0.224 3***	0.129 3***
	(0.032 8)	(0.011 0)	(0.020 0)
$L.TFP$	0.571 8***	0.404 6***	0.296 2***
	(0.027 0)	(0.008 3)	(0.013 9)
$L.MW \times L.TFP$	−0.099 4***	−0.070 1***	−0.050 8***
	(0.004 5)	(0.001 4)	(0.002 3)
$L.EG$	0.000 4	0.000 4**	0.000 6
	(0.000 5)	(0.000 2)	(0.000 4)
$L.FDI$	0.357 4***	0.184 3***	0.083 0*
	(0.069 4)	(0.025 1)	(0.045 3)
$L.HHI$	0.154 3	0.040 2	−0.419 9
	(0.407 4)	(0.160 6)	(0.268 7)
$STATE$	−0.048 7***	0.009 0**	0.008 5
	(0.011 4)	(0.003 6)	(0.007 1)
$EXPORT$	−0.031 1***	−0.035 0***	−0.032 5***
	(0.005 2)	(0.001 8)	(0.003 3)
$L.LEV$	0.001 1	−0.000 1*	−0.000 1**
	(0.001 3)	(0.000 0)	(0.000 0)
$L.ROA$	0.014 8***	0.007 2***	0.026 7***
	(0.004 7)	(0.001 1)	(0.004 7)
$Cons.$	−3.031 3***	−2.192 9***	−2.023 5***
	(0.200 8)	(0.068 7)	(0.118 8)
个体	是	是	是
时间	是	是	是
N	193 837	884 155	243 696

表 6 - 18　最低工资制度对不同资源依赖型企业生产率提升的影响

变量	企业生产率提升 ΔTFP		
	劳动密集	资本密集	技术密集
MW	0.889 3***	0.820 4***	0.778 7***
	(0.034 5)	(0.016 6)	(0.039 3)
$MW \times L.TFP$	−0.138 8***	−0.128 1***	−0.116 1***
	(0.000 6)	(0.000 2)	(0.000 5)
EG	0.004 5***	0.008 5***	0.009 7***
	(0.001 1)	(0.000 6)	(0.001 4)
FDI	0.827 1***	1.015 6***	1.122 5***
	(0.136 6)	(0.068 8)	(0.158 2)
HHI	−0.580 9	−1.552 2***	−1.473 8*
	(0.783 2)	(0.397 8)	(0.838 8)
STATE	0.021 2	−0.021 0**	−0.042 3*
	(0.022 9)	(0.009 0)	(0.022 2)
EXPORT	0.063 9***	0.117 6***	0.141 8***
	(0.010 0)	(0.004 5)	(0.009 8)
LEV	0.045 2***	0.004 0***	0.007 7***
	(0.003 8)	(0.000 2)	(0.000 5)
ROA	−0.073 6***	−0.017 1***	−0.100 4***
	(0.008 3)	(0.002 0)	(0.015 8)
Cons.	−0.494 1**	0.114 1	0.522 1**
	(0.197 6)	(0.108 7)	(0.257 7)
个体	是	是	是
时间	是	是	是
N	164 639	755 849	204 757

显著性检验。这一结果表明,随着劳动力依赖程度的降低,最低工资对企业退出概率的影响趋于减弱。同时,在这三类企业中,最低工资与企业生产率滞后项的回归系数依次为−0.099 4、−0.070 1 和−0.050 8,并通过1%水平的显著性检验。这一结果说明,企业生产率的初始水平越高,企业生存概率越大,且该

作用在劳动密集型企业更为凸显。在企业生产率提升层面,最低工资在劳动密集型、资本密集型和技术密集型三类企业中的回归系数依次为 0.8893、0.8204和 0.7787,且通过 1% 水平的显著性检验。这一结果意味着,最低工资对企业生产率的提升作用与劳动密集程度显著正相关,即劳动密集程度越高,企业生产率提升越快。同时,最低工资与企业生产率滞后项的回归系数依次为 -0.1388、-0.1281 和 -0.1161,并通过 1% 水平的显著性检验。这一结果反映出,企业生产率的初始水平越高,最低工资对企业生产率的提升作用越小,且该效应在技术密集型企业更为明显。综上可知,对于不同资源依赖型地区而言,在最低工资对企业退出市场概率和生产率提升的共同作用下,资源在企业间的配置效率得到提升。

(2)最低工资制度对企业生产率提升的影响:样本选择问题克服。关于最低工资对企业生产率提升的回归分析存在样本选择问题,原因在于真正效率低的企业已经退出市场,可能会高估最低工资的作用。在此,遵照赫克曼(Heckman)两步法的基本步骤,利用式(6-4)对企业退出市场概率进行预测,从而构造企业生存概率 $EXIT$ 调整项,并纳入式(6-5)重新估计最低工资对企业生产率的提升作用。

表 6-19 显示了最低工资影响企业生产率提升的赫克曼两步法估计结果。显然地,在 1% 的统计水平下,$EXIT$ 调整项的回归系数显著为负,这说明忽略样本选择问题确实会高估最低工资的正向作用。特别地,对于不同所有制企业的 $EXIT$ 调整项,国有企业的回归系数小于非国有企业;在不同出口类型企业,非出口企业的回归系数小于出口企业;在不同资源依赖型企业,劳动密集型企业的回归系数最小,依次是资本密集型企业和技术密集型企业。这些结果表明,对于退出概率高的企业类型(国有企业、非出口企业和劳动密集型企业),样本选择问题对最低工资效率提升作用的高估程度更为凸显。进一步,与表6-15 至表 6-18 相比,尽管最低工资的回归系数依旧在 1% 的统计水平下显著为正,但系数大小有所下降;同时,最低工资与企业生产率滞后项的交互项的回

表 6-19　最低工资制度对企业生产率提升的影响

变量	全样本	所有制形式		出口类型		资源依赖型		
		国有	非国有	出口	非出口	劳动密集	资本密集	技术密集
MW	0.8251***	0.6576***	0.8507***	0.8161***	0.8348***	0.8543***	0.8151***	0.7617***
	(0.0229)	(0.0751)	(0.0247)	(0.0437)	(0.0282)	(0.0475)	(0.0229)	(0.0579)
$MW \times L.TFP$	-0.1367***	-0.1277***	-0.1360***	-0.1342***	-0.1420***	-0.1400***	-0.1367***	-0.1328***
	(0.0004)	(0.0013)	(0.0005)	(0.0008)	(0.0005)	(0.0010)	(0.0004)	(0.0008)
$EXIT$ 调整	-1.5325***	-2.1524***	-1.1738***	-1.1396***	-1.7823***	-1.8363***	-1.5325***	-0.3732***
	(0.0561)	(0.0834)	(0.0853)	(0.1364)	(0.0729)	(0.1062)	(0.0561)	(0.1596)
EG	1.3815***	0.6868***	1.4280***	1.0213***	1.4092***	0.8635***	1.3815***	1.1844***
	(0.0951)	(0.2460)	(0.1065)	(0.1576)	(0.1227)	(0.2068)	(0.0951)	(0.2221)
FDI	-1.2776***	3.1763***	-2.7244***	-1.9826***	-1.2417***	-1.7153***	-1.2776***	-0.8429
	(0.4578)	(1.1045)	(0.5196)	(0.8256)	(0.5513)	(0.9121)	(0.4578)	(0.9967)
HHI	0.0100***	0.0034	0.0119***	0.0100***	0.0101**	0.0068***	0.0100***	0.0108***
	(0.0008)	(0.0021)	(0.0008)	(0.0015)	(0.0009)	(0.0016)	(0.0008)	(0.0020)
$STATE$	0.0038		0.0734***	0.0290	-0.0035	-0.0567*	0.0038	-0.0062
	(0.0110)		(0.0065)	(0.0223)	(0.0134)	(0.0299)	(0.0110)	(0.0279)
$EXPORT$	0.0670***	0.1209***				0.0272*	0.0670	0.1351***
	(0.0060)	(0.0312)				(0.0140)	(0.0060)	(0.0137)
LEV	0.0022***	0.0027***	0.0000	0.1811***	0.0017***	0.0242***	0.0022***	0.0122***
	(0.0003)	(0.0004)	(0.0005)	(0.0081)	(0.0003)	(0.0042)	(0.0003)	(0.0011)

续表

变量	全样本	所有制形式		出口类型		资源依赖型		
		国有	非国有	出口	非出口	劳动密集	资本密集	技术密集
ROA	-0.0299***	-0.0182***	-0.0572***	-0.0759***	-0.0246***	-0.0742***	-0.0299***	-0.0996***
	(0.0027)	(0.0039)	(0.0052)	(0.0118)	(0.0028)	(0.0114)	(0.0027)	(0.0209)
$Cons.$	0.0939	2.0715***	0.0852	-0.7809***	0.1588	0.7752**	0.0939	-0.1600
	(0.1506)	(0.4951)	(0.1613)	(0.2541)	(0.1851)	(0.3143)	(0.1506)	(0.3343)
个体	是	是	是	是	是	是	是	是
时间	是	是	是	是	是	是	是	是
N	1 125 245	115 603	1 009 642	323 130	802 115	164 639	755 849	204 757

注：表中结果未基于赫克曼（Heckman）两步法估计结果。$EXIT$ 调整代表企业生存概率的预测值。

归系数依旧通过 1%水平的显著性检验,但系数绝对值有所上升。上述结果意味着,当消除样本选择问题的影响后,最低工资对企业生产率的提升作用有所下降。不过,即便是考虑样本选择问题,本书整体结论依旧成立。

第六节 小结:最低工资制度的政策含义

对最低工资制度与资源错配关系的认识,不仅有助于全面理解最低工资的经济效应,更关系到劳动力市场管制政策的制定与执行。利用企业全要素生产率的离散程度作为资源错配的度量方式,本书构建了考察最低工资制度与资源错配关系的分析框架,并运用 1998—2007 年间工业企业数据库和 251 个地级市统计数据展开实证检验。特别地,为区分最低工资的资源错配改善效应在不同区域和不同类型企业的异质性,本书依据地理位置、企业所有制形式及是否存在出口行为对全样本进行划分。研究结果显示,最低工资对资源错配的影响显著为负,即最低工资标准的提升有利于缓解资源错配。进一步,分样本估计结果发现,最低工资对资源错配的改善作用在东、中、西三大区域呈现加强趋势,表明该效应与地区经济发达程度存在负相关关系。同时,最低工资制度对不同类型企业的资源错配具有差异影响。伴随着最低工资制度的执行,国有企业和非出口企业的资源错配得到明显改善,但非国有企业和出口企业并不存在显著改变。值得说明的是,本书研究发现政府支出有助于缓解资源错配,但金融深化、人力资本和道路交通加剧了资源错配。此外,为消除模型内生性问题引起的估计偏差,以最低工资滞后项、省内其他地级市最低工资均值及以巴蒂克方式构建的工具变量,并采用 2SLS 方法进行重新估计,结果依旧支持上述结论。

随后,本书重点探讨了最低工资制度影响资源错配的两条途径:一是最低工资对不同生产率企业生存概率的影响;二是最低工资对不同生产率企业的效率提升作用,即是否存在倒逼机制。研究结果发现,最低工资标准的提升显著增加了企业退出市场的概率,同时显著提升企业的生产率。更为重要的是,较于高生产率企业,上述两种机制在低效率企业更为凸显。换言之,最低工资迫使更多低效率企业退出市场的同时,对保留在市场上低效率企业的效率改善作用更多,即最低工资对企业生存概率和效率提升的影响存在非对称效应。进一步,子样本估计结果显示,在同一最低工资水平下,国有企业较于非国有企业更易退出市场,非出口企业较于出口企业更易退出市场。同时,国有企业生产率的改善程度低于非国有企业,非出口企业的改善程度高于出口企业。对比不同类型企业的机制检验结果可知,机制1在国有企业和非国有企业2个子样本占据主导地位,而机制2在出口企业和非出口企业2个子样本占据主导地位,即两种机制在不同子样本的主导地位存在显著差异。此外,依据人均总资产将全样本企业划分为劳动密集型、资本密集型和技术密集型3大类,结果发现最低工资对劳动密集型企业的退出概率和生产率提升作用更为明显。最后,为消除样本选择的估计偏差,采用赫克曼两步法重新估计最低工资对企业生产率的提升效应,结果发现不考虑样本选择将高估最低工资的作用,但本书整体结论依旧成立。

由此可见,尽管最低工资标准的提升短期内可能会带来社会失业的增加,但同时也会通过促使低效率企业退出市场和对企业生产率的非对称提升作用使得企业间的资源错配得到改善,从而有利于长时期中国经济的增长和结构转型,即提升经济增长质量。进一步对比不同区域的估计结果可知,最低工资制度的执行在一定程度上有助于缓解区域经济的不平衡增长。然而,若最低工资制度制定过高,虽在一定程度上有助于企业生产率的提高,但企业生存概率大大减小,导致就业率大幅度下降。因此,作为政府干预劳动力市场的重要手段之一,最低工资制度的制定与执行应综合考虑其可能带来的经济效应,同时兼顾短期的不良效应和长期的积极效应,切不可盲目跟随大流,而应循序渐进、把握合理的上涨幅度。此外,最低工资制度对不同类型企业具有异质性的影响,地方政府应因地制宜,结合自身的客观条件制定出符合自身地区发展的差异化最低工资路径。例如,在国有企业比重较高的地区,最低工资标准的提升对资源错配存在显著的改善作用,但会大大增加企业退出市场的概率,从而在一定程度上损害该地的社会就业。

第七章　总结与政策性评述

第一节　研究内容总结

中国经济能否保持中高速增长势头,继续缩小与世界主要发达经济体的差距,从而夺取社会主义现代化建设的全面胜利,最终实现中华民族的伟大复兴,是我国学术研究和政策制定长久以来所共同面临的重大理论和现实课题。

中国现阶段经济发展的现实是,一方面,随着老龄化问题的日益凸显,中国经济赖以发展的重要基础——人口红利即将消失殆尽;另一方面,虽然资本的快速积累带来了过去 30 多年经济的持续高速增长,但是与其他同类经济体相比,中国消费占比畸低,从而导致当前中国资本形成比已基本接近极限值。由此可见,既有依靠人口红利的释放以及资本粗放式积累的发展模式难以为继。特别是,随着 2008 年金融危机的深层次影响不断显现,中国经济逐步迈入"新常态"阶段,经济增速出现下滑,同时还伴随着产能过剩、产业结构亟需转型升级、环境污染突出等一系列重大经济社会问题。

在此"多期叠加"的大背景下,本书聚焦于资源配置效率这一"供给侧"改革的根本问题展开研究。关于资源配置效率问题,既有研究进行了丰富而有益的探索。尽管如此,现有研究,特别是关于中国资源配置效率的文献,依然存在下述空白有待填补:首先,关于资源配置效率,现有文献基本上只是基于资本和劳动这两个传统的生产投入要素,鲜有将能源这一重要投入要素纳入研究框架,从而无法刻画资源配置效率的全貌。在中国超越美国成为全球第一大能耗国,彰显能源要素重要性的大背景下,将其纳入研究框架对于科学分析资源配置效率的必要性不言而喻;其次,由于研究框架和数据可得性的限制,关于中国资源配置效率的研究样本区间基本上停留在 2008 年国际金融危机之前,从而无法探究金融危机后特别是"新常态"阶段中国资源配置效率演化状况;最后,已有文献多将资源配置效率(扭曲)视作外生给定变量,侧重于度量资源配置效率(扭曲)本身,而基本忽视其内在形成机制和影响因素(Hopenhayn,2014),从而无法对改善资源配置扭曲、提升资源配置效率提出切实可行的政策建议。

针对上述关于资源配置效率研究的空白,本书核心研究内容为:第一,为尽可能地刻画资源配置效率的全貌,将能源要素创新性地纳入已有资源配置效率研究理论框架,在边际上拓宽了相关理论研究的界限;第二,在处理近 400 万个观测值微观数据的基础上,构建了随"地区-部门-时间(1998—2013 年)"变化的三维投入产出面板数据,将研究样本区间拓展至金融危机后的 6 年,使得对国际金融危机后乃至"新常态"阶段的中国资源配置效率状况进行探讨成为可能;第三,为提升资源配置效率提出切实可行的政策建议,进一步地,分别考察了融资约束与最低工资制度对中国资源配置效率的影响。其中,就融资约束而言,本书实证检验了融资约束负向影响资源配置效率,更重要的是,甄别和界定了融资约束负向影响资源配置效率的条件,从而为缓解融资约束负面效应提供了新思路,这在中国融资约束问题长期以来得不到有效缓解的背景下尤为关键;就最低工资制度而言,利用 1998—2007 年工业企业数据库和 251 个地级市统计数据,以企业 TFP 离散程度作为资源错配的度量指标,本书实证检验了最低工资制度对中国资源错配的影响,并重点探讨了潜在的作用机制。

第二节　主要研究结论

本书研究的主要结论为:

第一,将能源要素纳入资源配置效率分析框架。研究发现,虽然中国全要素生产率持续增长,但资源配置效率相对低下,资源配置扭曲导致 1998—2013 年间全要素生产率平均下降了 42.7%;2003 年后重工业膨胀与 2008 年金融危机加剧了资源配置的扭曲程度,进而降低了中国资源配置效率,危机期间资源扭曲程度比其他时期高12%,然而"新常态"下的资源配置扭曲程度有所下降;基于"反事实"策略对中国资源配置扭曲的分解显示,地区间与部门间的扭曲可以分别解释总扭曲的51.6%与48.4%,资本、劳动、能源要素扭曲对总扭曲的贡献率分别为43.8%、21.2%与36.1%。近年来,能源扭曲逐渐超越资本扭曲成为中国资源配置扭曲的首要贡献者。

第二,就融资约束对中国资源配置效率的影响而言,本书研究发现,融资约束显著降低了中国资源配置效率,但融资约束对中国资源配置效率负向影响随着企业效率韧性,尤其是高效率企业效率韧性的提高而降低;进一步的研究表明,平均而言,中国企业效率韧性程度还尚不足以抵消融资约束对资源配置效率的负面影响。

第三,本书对最低工资制度与资源配置效率关系的研究揭示:最低工资标准的提升有利于改善资源错配,且该效应在东、中、西三大区域趋于增强。同时,最低工资制度对不同类型企业的资源错配具有异质性影响,伴随着国有企业和非出口企业的资源错配得到改善,非国有企业和出口企业并未受到显著影响。进一步的传导机制检验结果表明,通过增加低效率企业退出市场的概率和对企业生产效率的非对称提升作用两条途径,最低工资制度使得企业生产效率的分布收紧,从而改善了资源错配。特别地,上述两种机制在不同类型企业中的主导地位存在显著差异。因此,最低工资制度有利于改善资源在不同企业间的错配,从而实现经济增长与结构转型。

第三节 政策性评述

本书上述结论具有十分重要的政策含义。

首先,2015年中央经济工作会议明确强调:"要加大结构性改革力度,矫正要素配置扭曲,扩大有效供给,提高供给结构的适应性和灵活性,提高全要素生产率。"本书研究结论表明,实现这一战略目标的关键在于,一方面需要继续缓解资本扭曲与劳动扭曲,提升资本和劳动等要素配置效率;另一方面更为重要的是,通过对产业结构优化升级提升能源要素配置效率。究其原因在于,能源扭曲是中国资源配置扭曲的重要贡献者,并且从时间趋势上看,其相对贡献率还在持续提高。

其次,长久以来,如何缓解融资约束对中国资源配置效率的负面影响是学者和政策制定者所共同面临的难题。究其原因在于,通过金融市场改革来缓解融资约束的制度成本高昂(张军和金煜,2005;陈诗一和陈登科,2016)。在此背景下,本书对融资约束、企业效率韧性与资源配置效率的关系进行考察,界定并甄别了融资约束对资源配置效率产生负面影响的条件,从而为缓解融资约束负面影响提供了新思路。具体地,除了可以通过直接缓解融资约束这一常规方法来减缓融资约束对资源配置效率负面影响,还可以通过为高效率企业创造稳定的经营环境来提高这些企业效率的韧性来实现这一目标。显然,在中国金融发展相对缓慢、金融改革制度成本高昂的背景下,通过类似于提高企业,特别是高效率微观企业效率的韧性这样的间接手段来减缓融资约束对宏观经济绩效负向影响有着不言而喻的重要意义。

最后,最低工资标准的提升有利于改善资源错配,这一研究结论的政策含义是,在充分考虑到最低工资制度成本的同时,可以通过因地制宜地制定合理的最低工资水平来缓解资源错配,提升资源配置效率,改善经济增长质量。

参考文献

［1］陈晓玲,徐舒,连玉君.要素替代弹性,有偏技术进步对我国工业能源强度的影响［J］.数量技术经济研究,2015 第 3 期.

［2］陈诗一.中国的绿色工业革命:基于环境全要素生产率视角的解释(1980—2008)［J］.经济研究,2010 年第 11 期.

［3］陈诗一.中国工业分行业统计数据估算(1980—2008)［J］.经济学(季刊),2011 年第 3 期.

［4］陈诗一,陈登科.能源结构、雾霾治理与可持续增长［J］.环境经济研究,2016 年第 1 期.

［5］陈诗一.资源误配、经济增长绩效与企业市场进入:国有与非国有部门的二元视角［J］.学术月刊,2017 年第 1 期.

［6］陈诗一,陈登科.中国资源配置效率动态演化:纳入能源要素的新视角［J］.中国社会科学,2017 年第 4 期.

［7］丁守海.最低工资管制的就业效应分析——兼论(劳动合同法)的交互影响［J］.中国社会科学,2010 年第 1 期.

［8］郭庆旺,贾俊雪.中国全要素生产率的估算:1979—2004［J］.经济研究,2005 年第 6 期。

［9］盖庆恩,朱喜,程名望,史清华.要素市场扭曲、垄断势力与全要素生产率［J］.经济研究,2015 年第 5 期.

［10］龚关,胡光亮.中国制造业资源配置效率与全要素生产率［J］.经济研究,2013 年第 4 期.

［11］郝大明.1978—2014 年中国劳动配置效应的分离与实证［J］.经济研究,

2015 年第 7 期.

[12] 胡鞍钢,郑京海,高宇宁,张宁,许海萍. 考虑环境因素的省级技术效率排名[J]. 经济学(季刊),2008 年第 3 期.

[13] 黄永峰,任若恩,刘晓生. 中国制造业资本存量永续盘存法估算[J]. 经济学(季刊),2002 年第 2 期.

[14] 贾朋,张世伟. 最低工资标准提升的溢出效应[J]. 统计研究,2013 年第 4 期.

[15] 蒋冠宏,蒋殿春. 中国工业企业对外直接投资与企业生产率进步[J]. 世界经济,2014 年第 9 期.

[16] 简泽,张涛,伏玉林. 进口自由化,竞争与本土企业的全要素生产率——基于中国加入 WTO 的一个自然实验[J]. 经济研究,2014 年第 8 期.

[17] 靳来群,林金忠,丁诗诗. 行政垄断对所有制差异所致资源错配的影响[J]. 中国工业经济,2015 年第 4 期.

[18] 李科,徐龙炳. 融资约束、债务能力与公司业绩[J]. 经济研究,2011 年第 5 期.

[19] 李志远,余淼杰. 生产率,信贷约束与企业出口：基于中国企业层面的理论和实证分析[J]. 经济研究,2013 年第 5 期.

[20] 李小平,卢现祥,朱钟棣. 国际贸易,技术进步和中国工业行业的生产率增长[J]. 经济学(季刊),2008 年第 2 期.

[21] 林伯强,李江龙. 环境治理约束下的中国能源结构转变——基于煤炭和二氧化碳峰值的分析[J]. 中国社会科学,2015 年第 9 期.

[22] 林伯强,刘泓汛. 对外贸易是否有利于提高能源环境效率——以中国工业行业为例[J]. 经济研究,2015 年第 9 期.

[23] 林毅夫,孙希芳. 银行业结构与经济增长[J]. 经济研究,2008 年第 9 期.

[24] 林炜. 企业创新激励：来自中国劳动力成本上升的解释[J]. 管理世界,2013 年第 10 期.

［25］刘贯春,张军,陈登科.最低工资制度、生产率与技能溢价［J］.统计研究, 2017 年第 1 期.

［26］刘小玄,李双杰.制造业企业相对效率的度量和比较及其内生决定因素 (2000—2004)［J］.经济学(季刊),2008 年第 3 期.

［27］卢峰,姚洋.金融压抑下的法制、金融发展和经济增长［J］.中国社会科学, 2004 年第 1 期.

［28］鲁晓东,连玉君.中国工业企业全要素生产率估计:1999—2007［J］.经济 学(季刊),2012 年第 2 期.

［29］马光荣,李力行.金融契约效率、企业退出与资源误置［J］.世界经济,2014 年第 10 期.

［30］马双,张劼,朱喜.最低工资对中国就业和工资水平的影响［J］.经济研究, 2012 年第 5 期.

［31］聂辉华,贾瑞雪.中国制造业企业生产率与资源误置［J］.世界经济,2011 年第 7 期.

［32］聂辉华,江艇,杨汝岱.中国工业企业数据库的使用现状和潜在问题［J］. 世界经济,2012 年第 5 期.

［33］任若恩,孙琳琳.我国行业层次的 TFP 估计:1981—2000［J］.经济学(季 刊),2009 年第 3 期.

［34］邵帅,齐中英.西部地区的能源开发与经济增长［J］.经济研究,2008 年第 4 期.

［35］石晓军,张顺明.商业信用、融资约束及效率影响［J］.经济研究,2010 年第 1 期.

［36］孙楚仁,田国强,章韬.最低工资标准与中国企业的出口行为［J］.经济研 究,2013 年第 2 期.

［37］孙楚仁,张卡,章韬.最低工资一定会减少企业的出口吗?［J］.世界经济, 2013 年第 8 期.

［38］孙浦阳,蒋为,张龑.产品替代性与生产率分布——基于中国制造业企业
数据的实证[J].经济研究,2013 年第 4 期.

［39］孙元元,张建清.中国制造业省际间资源配置效率演化:二元边际的视角
[J].经济研究,2015 年第 10 期.

［40］涂正革,肖耿.中国的工业生产力革命——用随机前沿生产模型对中国大
中型工业企业全要素生产率增长的分解及分析[J].经济研究,2005 年第
3 期.

［41］涂正革.环境、资源与工业增长的协调性[J].经济研究,2008 年第 2 期.

［42］涂正革.环境、资源与工业增长的协调性——基于方向性环境距离函数对
规模以上工业的分析[J],经济研究,2008 年第 2 期.

［43］涂正革,肖耿.环境约束下的中国工业增长模式研究[J].世界经济,2009
年第 11 期.

［44］涂正革.中国的碳减排路径与战略选择——基于八大行业碳排放量的指
数分解分析[J].中国社会科学,2012 年第 3 期.

［45］谢千里,罗斯基,张轶凡.中国工业生产率的增长与收敛[J].经济学(季
刊),2008 年第 3 期。

［46］杨汝岱.中国制造业企业全要素生产率研究[J].经济研究,2015 年第
2 期.

［47］王兵,颜鹏飞.技术效率、技术进步与东亚经济增长[J].经济研究,2007 年
第 5 期.

［48］王兵,吴延瑞,颜鹏飞.中国区域环境效率与环境全要素生产率增长[J].
经济研究,2010 年第 5 期.

［49］汪锋,张宗盛,康继军.企业市场化、对外开放与中国经济增长条件收敛
[J].世界经济,2006 年第 6 期.

［50］吴延瑞.生产率对中国经济增长的贡献:新的估计[J].经济学(季刊),
2008 年第 3 期.

[51] 翁杰,徐圣.最低工资制度的收入分配效应研究[J].中国人口科学,2015年第 3 期.

[52] 易纲,樊纲,李岩.关于中国经济增长与全要素生产率的理论思考[J].经济研究,2003 年第 8 期.

[53] 余淼杰.中国的贸易自由化与制造业企业生产率[J].经济研究,2010 年第12 期.

[54] 赵瑞丽,孙楚仁,陈勇兵.最低工资与企业出口持续时间[J].世界经济,2016 年第 7 期.

[55] 赵勇,雷达.金融发展与经济增长:生产率促进抑或资本形成[J].世界经济,2010 年第 2 期.

[56] 张军,金煜.中国的金融深化和生产率关系的再检测:1987—2001[J].经济研究,2005 年第 11 期.

[57] 张军,赵达,周龙飞.最低工资标准提高对就业正规化的影响[J].中国工业经济,2017 年第 1 期.

[58] 张天华,张少华.偏向性政策、资源配置与国有企业效率[J].经济研究,2016 年第 2 期.

[59] ACEMOGLU D, PISCHKE J. Minimum wages and on-the-job training. Research in Labor Economics, 2003: 22, 159 – 202.

[60] ACEMOGLU D. When does labor scarcity encourage innovation. Journal of Political Economy, 2010: 118, 525 – 533.

[61] ACKERBERG D A, CAVES K, FRAZER G. Structural identification of production functions. Working Paper, http://www. econ. ucla. edu/ackerber/acf20withtables. pdf, 2006.

[62] ACKERBERG D A, CAVES K, FRAZER G. Identification properties of recent production function estimators. Econometrica, 2015: 83, 2411 – 2451.

[63] ADAMOPOULOS T, BRANDT L, LEIGHT J, RESTUCCIA D.

Misallocation, selection and productivity: A quantitative analysis with panel data from China. Working Paper, https://ideas. repec. org/p/tor/tecipa/tecipa-574. html, 2017.

[64] ALFARO L, CHARLTON A, KANCZUK F. Plant-size distribution and cross-country income differences. SSRN Electronic Journal, 2009: 5,243 – 272.

[65] ALVAREZ R, LOPEZ R. Exporting and performance: evidence from Chilean plants. Canadian Journal of Economics, 2005: 38,1384 – 1400.

[66] ARESTIS P, GEORGIOS C, EVANGELIA D. Technical efficiency and financial Deepening in the Non-OECD Economies. International Review of Applied Economics, 2006: 3,353 – 373.

[67] ASKER J, COLLARD-WEXLER A, DE LOECKER J. Dynamic inputs and resource misallocation. Journal of Political Economy, 2014: 122, 1013 – 1063.

[68] BAILY M N, HULTEN C, CAMPBELL D et al. Productivity dynamics in manufacturing plants. Brookings papers on Economic Activity: Micro-economics, 1992: 187 – 267.

[69] BANERJEE A V, DUFLO E. Growth theory through the lens of development economics. Handbook of Economic Growth, 2005: 1,473 – 552.

[70] BANERJEE A V, MOLL B. Why does misallocation persist. American Economic Journal: Macroeconomics, 2010: 2,189 – 206.

[71] BARTELSMAN E J, DHRYMES P J. Productivity dynamics: U. S. manufacturing plants. 1972 – 1986, Journal of Productivity Analysis, 1998: 9,5 – 34.

[72] BARTELSMAN E, HALTIWANGER J, SCARPETTA S. Cross-country differences in productivity: the role of allocation and selection. American Economic Review, 2013: 103,305 – 334.

[73] BARTIK, T. Who benefits from State and local economic development policies. Kalamazoo, MI: W. E. Upjohn Institute for Employment Research, 1991.

[74] BLALOCK G, Gertler P. Learning from exporting: revisited in a less developed setting. Journal of Development Economics, 2004: 75,397 – 416.

[75] BIESEBROECK, J. Revisiting some productivity debates. NBER Working Paper, No. 10065,2003.

[76] BLUNDELL R, BOND S. Initial conditions and moment restrictions in dynamic panel data models. Journal of Econometrics, 1998: 87,115 – 143.

[77] BRANDT L, TOMBE T, ZHU X. Factor market distortions across time, space and sectors in China. Review of Economic Dynamics, 2013: 16,39 – 58.

[78] BRANDT L, BIESEBROECK J, ZHANG Y F. Creative accounting or creative destruction, firm level productivity growth in Chinese manufacturing. Journal of Development Economics, 2012: 97,339 – 351.

[79] BRANDT L, ZHU X. Accounting for China's growth. Institute for the Study of Labor Discussion Paper, 4764,2009.

[80] BUERA F J, KABOSKI J P, and SHIN Y. Finance and development: a tale of two sectors. American Economic Review, 2011: 101,1964 – 2002.

[81] BUERA F J, SHIN Y. Financial frictions and the persistence of history: a quantitative exploration. Journal of Political Economy, 2013: 121,221 – 272.

[82] CAI H B, and LIU Q. Competition and corporate tax avoidance: evidence from Chinese industry firms. Economic Journal, 2009: 119,164 – 195.

[83] CARD D, KRUEGER A B. Minimum wages and employment: a case study of the fast-Food industry in New Jersey and Pennsylvania. American

Economic Review, 1994: 84,772 - 793.

[84] CHEN K, and IRARRAZABAL A. The role of allocative efficiency in a decade of recovery. Review of Economic Dynamics, 2015: 18,523 - 550.

[85] CHEN S Y, and SANTOS-PAULINO A. Energy consumption restricted productivity re-estimates and industrial sustainability analysis in post-reform China. Energy policy, 2013: 52 - 60.

[86] DAVID J M, HOPENHAYN H A, VENKATESWARAN V. Information, misallocation and aggregate productivity. Quarterly Journal of Economics, 2016: 943 - 1005.

[87] DE LOECKER J. Product differentiation, multiproduct firms, and estimating the impact of trade liberalization on productivity. Econometrica, 2011: 79, 1407 - 1451.

[88] DUBE A T, LESTER W, REICH M. Minimum wage effects across State borders: estimates using contiguous counties. Review of Economics and Statistics, 2010: 92,945 - 964.

[89] EDEN M. Misallocation and the distribution of global volatility. American Economic Review, 2017: 107,596 - 622.

[90] FLINN C. Minimum wage effects on labor market outcomes under search, matching, and endogenous contact rates. Econometrica, 2006: 74,1013 - 1062.

[91] FOTER L, HALTIWANGER J, and SYVEESON C. Reallocation, firm turnover, and efficiency: selection on productivity or profitability. American Economic Review, 2008: 98,394 - 425.

[92] GAN L, HERNANDEZ M A, MA S. The higher costs of doing business in China: minimum wages and firm's export behavior. Journal of International Economics, 2016: 100,81 - 94.

[93] GILCHRIST S, SIM J W, ZAKRAJSEK E. Misallocation and financial market frictions: some direct evidence from the dispersion in borrowing costs. Review of Economic Dynamics, 2013: 16,159 - 176.

[94] GIULIANO L. Minimum wage effects on employment, substitution, and the teenage labor supply: Evidence from personnel data. Journal of Labor Economics, 2013: 31,155 - 194.

[95] GUARIGLIA A, and PONCET S. Could financial distortions be no impediment to economic growth after all, evidence from China. Journal of Comparative Economics, 2008: 2,633 - 657.

[96] GUNER N, VENTURA G, and XU D Y. Macroeconomic implications of size dependent policies. Review of Economic Dynamics, 2008: 11,721 - 44.

[97] HICKS J R. The theory of wages. London: Macmillan, 1963.

[98] HOPENHAYN H A. Firms, misallocation, and aggregate productivity: A review. Annual Review of Economics, 2014: 6,735 - 770.

[99] HSIEH CHANG-TAI. Productivity growth and factor prices in East Asian. American Economic Review, 1999: 9,133 - 138.

[100] HSIEH CHANG-TAI, KLENOW P J. Misallocation and manufacturing TFP in China and India. Quarterly Journal of Economics, 2009: 74,1403 -1448.

[101] HSIEH CHANG-TAI, and SONG Z M. Grasp the large, let go of the small: the transformation of the State sector in China. Brookings Papers on Economic Activity, 2015: 328.

[102] JORGENSON D W, Gollop F M, Fraumeni B M. Productivity and U. S. economic growth. Cambridge, MA, Harvard University Press, 1987.

[103] KIYOTAKE N, and MOORE J. Credit cycles, Journal of Political Economy. 1997: 105,211 - 248.

[104] KLETTE T J, GRILICHES Z. The inconsistency of common scale

estimators when output prices are unobserved and endogenous, Journal of Applied Econometrics. 1996: 11, 343 – 361.

[105] KRISHNAN K, NANDY D, PURI M. Does finance spur small business, evidence from a natural experiment. NBER Working Paper, No. 20149, 2014.

[106] KRUGMAN P. The age of diminished expectations Third Edition. MIT Press, 1997.

[107] LEE D S. Wage inequality in the United States during the 1980s: rising dispersion or falling minimum wage. Quarterly Journal of Economics, 1999: 114, 977 – 1023.

[108] LEVINSOHN J, PETRIN A. Estimating production functions using inputs to control for un-observables. Review of Economic Studies, 2003: 70, 317 – 341.

[109] LIANG Z. Financial development, growth and regional disparity post-reform China. United Nations University, 2006.

[110] LU Y, and YU L. Trade liberalization and markup dispersion: evidence from China's WTO accession. American Economic Journal: Applied Economics, 2015: 7, 221 – 253.

[111] MAYNERIS F, PONCET S, ZHANG T. The cleansing effect of minimum wage: minimum wage rules, firm dynamics and aggregate productivity in China. CEPII Working Paper, No. 201416, 2014.

[112] MELLITZ M J. The impact of trade on intra-industry reallocations and aggregate industry productivity. Econometrica, 2003: 71, 1695 – 1725.

[113] MELLITZ M J POLANEC S. Dynamic Olley-Pakes productivity decomposition with entry and exit. Rand Journal of Economics, 2015: 46, 362 – 375.

[114] MEON P, WEIL L. Does financial intermediation matter for macroeconomic performance. Economic Modelling, 2010: 1,296 - 303.

[115] MIDRIGAN V, XU D Y. Finance and misallocation: evidence from plant-level Data. American Economic Review, 2014: 104,422 - 458.

[116] MOLL B. Productivity losses from financial frictions: can self-financing undo capital misallocation? American Economic Review, 2014: 104, 3186 - 3221.

[117] OLLEY G S, PAKES A. The dynamics of productivity in the telecommunications equipment industry. Econometrica, 1996: 64,1263 -1297.

[118] OWENS M F, KAGEL J H. Minimum wage restrictions and employment effort in incomplete labor market: An experimental investigation. Journal of Economic Behavior and Organization, 2010: 73,317 - 326.

[119] PAVCNIK N. Trade liberalization, exit, and productivity improvements: evidence from Chilean plants. Review of Economic Studies, 2002: 69,245 - 276.

[120] PERKINS D H, RAWSKI T G. Forecasting China's economic growth to 2025: China's great economic transformation. Cambridge and New York: Cambridge University Press, 2008.

[121] PETERS M. Heterogeneous mark-ups, growth and endogenous misallocation. https://core.ac.uk/download/pdf/18419314.pdf, 2013.

[122] PRESCOTT E. Needed: A Theory of total factor productivity, International Economic Review. 1997: 39,525 - 551.

[123] RESTUCCIA D, and ROGERSON R. Policy distortions and aggregate productivity with heterogeneous establishments. Review of Economic Dynamics, 2008: 11,707 - 720.

[124] SLONIMCZYK F, and SKOTT P. Employment and distribution effects

of the minimum wage, Journal of Economic Behavior and Organization. 2012: 84,245 – 264.

[125] SOLOW R M. Technical change and the aggregate production function, Review of Economics and Statistics. 1957: 39,312 – 320.

[126] SONG Z M, and WU G Y. Identifying capital misallocation. http:// www. ntu. edu. sg/home/guiying. wu/SW_Misallocation_201501. pdf, 2015.

[127] SONG Z M, STORESLETTEN K, ZILIBOTTI F. Growing like China. American Economic Review, 2011: 101,196 – 233.

[128] STIGLER G J. The economics of minimum wage legislation. American Economic Review, 1946: 36,358 – 365.

[129] STORESLETTEN K, KAMBOUROV G, BRANDT L. Firm entry and regional growth disparities: the effect of SOEs in China. Meeting Papers, Society for Economic Dynamics, https://ideas. repec. org/p/ red/sed016/182. html, 2016.

[130] TOPALOVA P. Trade liberalization and firm productivity: the case of India. Mimeo, MIT, 2003.

[131] YASAR M, RACIBORSKI R. Production function estimation in Stata using the Olley and Pakes Method. Stata Journal, 2008: 8,221 – 231.

[132] YOUNG A. The tyranny of numbers: confronting the statistical reality of the East Asian growth experience. Quarterly Journal of Economics, 1995: 110,641 – 680.

[133] YOUNG A. Gold into base metals: productivity growth in the People's Republic of China during the reform period. Journal of Political Economy, 2003: 111,641 – 680.

[134] ZHENG, J, BIGSTEN A, HU A. Can China's growth be sustained, A

productivity perspective. World Development, 2009: 37, 874 – 888.

[135] ZHU X. Understanding China's growth: past, present and future. Journal of Economic Perspectives, 26, 2012: 103 – 124.

图书在版编目(CIP)数据

中国资源配置效率研究/陈登科著.—上海:上海三联书店,2021.7
(当代经济学创新丛书/夏斌主编)
ISBN 978-7-5426-7361-9

Ⅰ.①中… Ⅱ.①陈… Ⅲ.①资源配置−经济效率−研究−中国 Ⅳ.①F124.5

中国版本图书馆 CIP 数据核字(2021)第 043081 号

中国资源配置效率研究

著　者 / 陈登科

责任编辑 / 李　英
装帧设计 / 徐　徐
监　制 / 姚　军
责任校对 / 王凌霄

出版发行 / 上海三联书店
　　　　　(200030)中国上海市漕溪北路 331 号 A 座 6 楼
邮购电话 / 021 - 22895540
印　刷 / 上海颛辉印刷厂有限公司

版　次 / 2021 年 7 月第 1 版
印　次 / 2021 年 7 月第 1 次印刷
开　本 / 640×960　1/16
字　数 / 170 千字
印　张 / 11.75
书　号 / ISBN 978-7-5426-7361-9/F·835
定　价 / 48.00 元

敬启读者,如发现本书有印装质量问题,请与印刷厂联系 021-56152633